N.A. Volkova, D. Phillips

LET'S IMPROVE
OUR RUSSIAN!

Advanced Grammar Topics for English Speaking Students

Step Two

St. Petersburg
«Zlatoust»

2014

УДК 811.161.1

Волкова, Н.А., Филлипс, Д.
    Улучшим наш русский! Часть 2. — СПб. : Златоуст, 2014. — 208 с.

Volkova, N.A., Phillips, D.
    Let's improve our Russian! Step 2. — St. Petersburg : Zlatoust, 2014. — 208 p.

Зав. редакцией: к. ф. н. *А.В. Голубева*
Редактор: *О.С. Капполь*
Корректор: *В.Н. Кононова*
Оригинал-макет: *Л.О. Пащук*
Обложка: *Т.А. Сытая*

Практическое пособие по русской грамматике предназначено для иностранцев, изучающих язык как с преподавателем, так и самостоятельно.

Сборник упражнений на такие грамматические темы, как управление глаголов, употребление предлогов, выражение времени и др., поможет систематизировать, значительно расширить и закрепить уже имеющиеся знания по русскому языку, подготовиться к прохождению теста II сертификационного уровня.

Авторы придерживались определённого порядка в представлении материала: тема «Предлоги» разделена на три части: употребление предлогов только с одним падежом, с двумя, а затем с тремя падежами. Эта тема имеет падежную последовательность изложения.

Книга пронизана юмором: процесс обучения оживляют многочисленные афоризмы, пословицы, поговорки и шутки. Все они, а также грамматические пояснения, формулировки заданий и некоторые слова и словосочетания переведены на английский язык, что, несомненно, облегчает восприятие материала англоязычными учащимися, и могут быть интересны для тех, кто изучает не только русский, но и английский язык.

ISBN 978-5-86547-792-1

Подготовка оригинал-макета: издательство «Златоуст».
Подписано в печать 11.12.13. Формат 60×90/8. Печ. л. 26. Печать офсетная. Тираж 1000 экз. Заказ № 1312208.
Код продукции: ОК 005-93-953005.

Санитарно-эпидемиологическое заключение на продукцию издательства Государственной СЭС РФ
№ 78.01.07.953.П.011312.06.10 от 30.06.2010 г.

Издательство «Златоуст»: 197101, Санкт-Петербург, Каменноостровский пр., д. 24, оф. 24.
Тел.: (+7-812) 346-06-68; факс: (+7-812) 703-11-79; e-mail: sales@zlat.spb.ru; http://www.zlat.spb.ru.

Отпечатано в типографии ООО «Лесник-Принт».
192007, Санкт-Петербург, Лиговский пр., д. 201, лит. А, пом. 3Н. Тел.: (+7-812) 380-93-18.

ОГЛАВЛЕНИЕ
TABLE OF CONTENTS

ОТ АВТОРОВ
FROM THE AUTHORS

Авторы с радостью приветствуют всех, кто держит в руках эту (уже вторую!) часть книги «Улучшим наш русский!». В ней, как и в первой части, рассматриваются сложные грамматические темы, представленные таким образом, чтобы максимально облегчить процесс овладения трудным материалом. Этот сборник упражнений для удобства имеет форму рабочей тетради и может использоваться не только на занятиях с преподавателем, но и при самостоятельной подготовке, так как в нём есть ключи (🗝). Он поможет вам систематизировать, значительно расширить уже имеющиеся знания по русскому языку и подготовиться к прохождению теста II сертификационного уровня.

При выполнении упражнений обратите внимание на порядок изложения материала. Тема «Предлоги» разделена на три части: употребление предлогов только с одним падежом, затем с двумя и тремя падежами. Эта тема имеет падежную последовательность изложения.

Книга пронизана юмором. Многочисленные афоризмы, пословицы, поговорки, шутки не позволят вам скучать.

Наша любовь к вам и ваше трудолюбие — это те силы, которые без, сомнения, приведут к успеху.

С наилучшими пожеланиями,
Н. Волкова и Д. Филипс

We gladly welcome all who hold in their hands this (already the second!) part of our book, LET'S IMPROVE OUR RUSSIAN! In this, as in the first part, complex grammatical themes are examined and presented in such a way so as to simplify as much as possible the process of assimilating difficult material. For the sake of convenience this collection of exercises is presented in the form of a workbook and may be used not only in class with an instructor but also during your own independent preparation since answer keys (🗝) are provided. This will help you to systematize and significantly expand your current knowledge of Russian as well as prepare you for the Certificate Level II exams.

While completing the exercises pay attention to the order in which the material is presented. The theme "Prepositions" is divided into three parts: the use of prepositions with a single case, then with two and then three cases. This theme outlines the order in which cases must be employed.

The book is permeated with humor. Numerous aphorisms, sayings, proverbs, and jokes will keep you from boredom.

Our love for you and your diligence represent the strength which, without doubt, will lead to your success.

With Our Very Best Wishes!
N. Volkova and D. Phillips

1 СОЮЗЫ *А, И, НО*
THE CONJUNCTIONS *А, И, НО*

Сравните! — Compare!		
И	**А**	**НО**
1. Сегодня я буду учить новые слова и переводить текст. (учить + переводить) Today, I will study the new words and will be translating the text.	1. Сегодня я выучу новые слова, а завтра переведу текст. Today, I will learn the new words and tomorrow I will finish translating the text.	1. Сегодня я должен был выучить все новые слова, но не сделал этого. Today, I was supposed to learn all the new words, but I didn't do it.
2. Я люблю кофе, и мой друг тоже предпочитает пить кофе. I love coffee, and my friend also prefers drinking coffee.	2. Я люблю кофе, а мой друг предпочитает пить зелёный чай. I love coffee, but my friend prefers drinking green tea.	2. Я люблю кофе, но он кончился, поэтому буду пить чай. I love coffee, but it has run out; therefore, I'll drink tea.
3. Вчера было воскресенье, и (поэтому) я долго спал. Yesterday was Sunday; therefore, I slept late (I slept a long time).	3. Вчера было воскресенье. Все долго спали, а я работал. Yesterday was Sunday. Everybody slept a long time (late), but I worked.	3. Вчера было воскресенье, но я не отдыхал, потому что было много дел. Yesterday was Sunday, but I didn't get any rest because there were things to do (there was a lot to do).
4. Я звонил ему и утром, и вечером. I called him both in the morning and in the evening.	**не ..., а** 4. Я звонил ему **не** утром, **а** вечером. I did not call him in the morning but in the evening. **..., а не** Я звонил ему вечером, **а не** утром. I called him in the evening, but not during the morning.	4. Я звонил ему утром, но его телефон не отвечал. I called him in the morning, but he didn't answer his phone.
5. В такую плохую погоду и (= даже) собака не пойдёт гулять. In such bad weather, even the dog won't go for a walk.	5. Идём быстрее, **а то** опоздаем. Let's go faster, or else we will be late.	5. Быть у вас в гостях очень приятно, но, к сожалению, мне уже пора идти домой. It's very nice to visit you, but, unfortunately, it's already time for me to go home.

1.1. УПОТРЕБЛЕНИЕ СОЮЗОВ *А, И, НО*
USE OF THE CONJUNCTIONS *А, И, НО*

Задание 1. **Вставьте нужный союз.**
  Fill in the blanks with the correct conjunction.

Образец: Там было тепло, _____ я согрелся.

Там было тепло, **и** я согрелся.
It was warm there, and I got warm.

Там было тепло, _____ мне было холодно.

Там было тепло, **но** мне было холодно.
It was warm there, but I was cold.

Там было тепло, _____ здесь холодно.

Там было тепло, **а** здесь холодно.
It was warm there, but it is cold here.

Лекция будет _____ в среду, _____ в пятницу.

Лекция будет **не** в среду, **а** в пятницу.
The lecture will not be on Wednesday but on Friday.

Лекция будет в пятницу, _____ в среду.

Лекция будет в пятницу, **а не** в среду.
The lecture will be on Friday but not on Wednesday.

1. Я хочу купить машину, _____ у меня нет денег. 2. Я люблю живопись, _____ моя подруга — музыку. 3. Мы ждали её, _____ она не пришла. 4. У меня есть ручка, ____ я пишу карандашом. 5. Друг принёс новый фильм, _____ мы вместе посмотрели его. 6. Поэт прожил короткую, _____ интересную жизнь. 7. Этот парень хорошо играет на гитаре, _____ мы пригласили его на вечеринку. 8. Дети мечтали о собаке, _____ вот она появилась у них (appeared to them). 9. У него была машина, _____ в университет он ездил на велосипеде. 10. Почему вы купили билеты на поезд, _____ не на самолёт? 11. Они хорошие люди, _____ мы желаем им удачи в жизни. 12. С удовольствием приду к тебе в гости, _____ только не на этой неделе. 13. Вечером отец смотрел телевизор, _____ мать была у соседки. 14. Семья отдыхала не в деревне, _____ на море.

Задание 2. **Вставьте нужный союз.**
  Fill in the blanks with the correct conjunction.

1. Пахло жареной рыбой, _____ золотые рыбки в аквариуме нервничали.

The scent of frying fish made the gold fish in the aquarium nervous.

2.   Рецепт
Чтобы сделать настоящий коктейль «Три поросёнка», нужно купить ящик вина _____ пригласить двух друзей.

              Recipe
In order to make a real cocktail called "The Three Little Pigs," you have to buy a box of wine and invite 2 friends.

3. Один студент говорит другому:
 — Я намного умнее тебя, потому что ты платишь репетиторам, _____ я плачу́ экзаменаторам!

One student says to another one, "I'm a lot smarter than you because you pay tutors, but I pay examiners!"

4. Человек, который знает «как», всегда найдёт работу, _____ человек, который знает «почему», будет его начальником.

A person who knows "how" will always find work, but a person who knows "why" will be his boss.

5. — У меня отличная собака. Каждое утро она приносит мне газеты в постель.

— Ну и что? Этому можно научить любую собаку.

— Да, _____ я не выписываю газет.

"I have a great dog. Every morning it brings me newspapers right to my bed."

"What's so great about that? You can train any dog to do that."

"Yes, but I don't subscribe to any newspapers!"

6. Он стал вегетарианцем не потому, что любит животных, _____ потому что ненавидит растения.

He became a vegetarian not because he loves animals but because he hates plants.

7. В раю хорошо, _____ дома лучше.

It's good in paradise, but it's better at home.

8. Моя подруга немногословна, _____ свои немногие слова использует беспрерывно.

My girlfriend is a woman of few words, but she uses these few words continuously.

9. Мужчины изобрели бутылку, _____ женщины — пробку.

Men invented the bottle, but women invented the cork.

10. Я мог бы стать врачом или министром, _____ слишком много интересного показывают по телевизору.

I could have become a physician or a government minister, but they show too many interesting things on TV.

11. На своих ошибках учатся, _____ на чужих ошибках делают карьеру.

One learns from one's own mistakes but furthers one's career on the mistakes of others!

12. Скромность украшает, _____ оставляет голодным.

Modesty beautifies, but it leaves you hungry!

13. Коллега часто делает непонятно что, _____ делает это отлично.

A colleague often makes things incomprehensible, but he does it excellently.

14. Климат — это то, что все ожидают, _____ погода — это то, что получают.

Climate is what everyone waits for, but weather is what they get.

15. Время — лучший врач, _____ очень плохой косметолог.

Time is the best physician, but it is a very poor cosmetologist.

16. Дом человека — его крепость, _____ святыня — гараж.

A man's home is his fortress, but the holy place is the garage.

17. Терять лишний вес не очень трудно, _____ я всегда опять нахожу его в холодильнике.

Losing excess weight is not very difficult, but I always find it again in the refrigerator.

Задание 3. **Переведите на русский язык. Translate into Russian.**

1. Love is short and ends in marriage.

_____

2. Only the person who does nothing makes no mistakes; but his whole life is one big mistake.

_____

3. Sometimes, a budget shows how much we are able to economize, but most often how much we need to borrow.

_____

4. Friendship often ends with love, but love rarely ends in friendship.

_____

5. It's a bad thing to be the second wife of a widower, but it is nevertheless better than to be the first.

_____

6. My doctor advises me to play tennis, but my tennis trainer recommends I give it up.

_____

Задание 4. Вставьте нужный союз.
Fill in the blanks with the correct conjunction.

1. Смысл брака не в том, чтобы думать одинаково, _____ в том, чтобы думать вместе.

   The meaning of marriage is not to think the same, but to think together.

2. Критик напоминает человека, который знает дорогу, _____ не умеет водить машину.

   A critic is reminiscent of a person who knows the road, but who does not know how to drive a car.

3. Любовь похожа на суп: первый глоток — очень горячий, _____ потом всё холоднее, холоднее.

   Love resembles soup: the first swallow is very hot, but then it becomes continually colder and colder.

4. Мы надеемся на лучшее, _____ оно надеется на нас.

   We hope for the best, and it hopes for us.

5. Богачи приходят и уходят, _____ банки остаются.

   Rich men come and go, but banks remain.

6. Рождество — это когда дети говорят Санта-Клаусу, что они хотели бы получить, _____ взрослые платят за это.

   Christmas is when children tell Santa Claus what they would like to receive and adults pay for it.

7. Я был бы рад помочь бездомным, _____ их никогда нет дома.

   I would be glad to help the homeless, but they are never at home.

8. В безветрие _____ флюгер — образец постоянства.

   When there's no wind, even a weathervane is an example of constancy.

9. Мужчина — глава семьи, _____ женщина — шея, которая вертит головой как хочет.

   The man is the head of the family, but the woman is the neck which turns the head as it wishes.

10. Командир — как дорожный указатель: показывает всем, куда нужно идти, _____ сам туда не идёт.

    A commander, like a road sign, shows everyone where it is necessary to go, but himself does not go there.

11. Каждая женщина, которой нет тридцати, считает себя хорошей актрисой, _____ каждая актриса считает, что ей ещё нет тридцати.

    Every woman who is not yet 30 considers herself a good actress, and every actress thinks that she is still not 30.

Задание 5. Переведите на русский язык.
Translate into Russian.

1. In conflicts, it is not people who win but their lawyers.

   _____

2. All people are born equal, but some then become highway patrolmen.

   _____

3. He found love and lost himself.

   _____

4. A man falls in love with a woman, but a woman does it with perspective.

   _____

5. She burst into tears, and the judge wiped away her tears with my checkbook.

   _____

6. Politicians are pretty good at business, but businessmen are pretty good at politics.

   _____

Задание 6. **Вставьте нужный союз.**
Fill in the blanks with the correct conjunction.

1. На свете много хороших людей, _____ все они страшно заняты.

There are lots of good people in the world, but it seems like they're all very busy.

2. Жизнь, безусловно, хороший учитель, _____ слишком дорого берёт за свои уроки!

Certainly life is a good teacher, but its lessons cost too much.

3. Посмотри на себя со стороны _____ увидишь незнакомца.

Look at yourself from the side, and you will see a stranger.

4. Он старался быть хорошим, _____ характер мешал.

He tried to be good, but his character intervened.

5. Стань положительным человеком, _____ ты будешь совершенно одинок.

Be good and you will be lonesome.

6. Если подумать — мы такие умные, _____ если послушать — не очень.

If one thinks, we are so smart, but if one listens we are not very.

7. Умный человек знает всё, что говорит, _____ дурак говорит всё, что знает.

An intelligent person knows everything that he says, and a fool says everything that he knows.

8. Любая девушка может хранить секрет, если захочет, _____ какая захочет?

Any young woman may keep a secret if she wants, but which one of them wants to?

9. Не в деньгах счастье, _____ в их количестве.

Happiness is not found in money itself but in the amount of it.

10. Времена меняются: теперь машина — необходимость, _____ дети — роскошь.

Times are changing. Now, a car is a necessity and children are a luxury.

11. Его преследовали умные мысли, _____ ни одна не догнала.

He was pursued by brilliant thoughts, but not one of them caught up with him!

Задание 7. **Вставьте нужный союз.**
Fill in the blanks with the correct conjunction.

1. Труд создал человека, _____ человек — трудности.

Labor creates man, but man creates difficulties.

2. Жизнь — это школа, _____ не спешите с её окончанием!

Life is a school, but don't hurry with its leaving!

3. Он ничего не делал _____ всё равно ошибался.

He didn't do anything, but he managed to make mistakes anyway.

4. Женщина знает смысл любви, ____ мужчина — её цену.

A woman knows the meaning of love, but a man knows its cost.

5. Жизнь всему научит, _____ обучение платное.

Life will teach you everything, but this kind of instruction has its price.

6. Мой друг очень сердится, если его понимают неправильно, _____, если его понимают правильно, безумно злится.

My friend gets very angry if he is not understood correctly, and if he is understood correctly he gets terribly angry.

7. Познакомь меня со своей женой, ____ я ей от души посочувствую.

Introduce me to your wife, and I will extend to her my heartfelt sympathy.

8. Монархия — это анархия одного, _____ анархия — это монархия каждого.

Monarchy is the anarchy of one, and anarchy is the monarchy of everyone.

9. Любовь как телефонный звонок: сначала долго ждёшь ответа, _____ потом понимаешь, что попал не туда.

Love is like a telephone call. At first, you wait a long time for an answer, but then you understand that you had a wrong number.

Задание 8. Вставьте нужный союз.
Fill in the blanks with the correct conjunction.

1. Директор говорит сотруднику:
— Антон, ты хороший парень, _____ такой должности в нашей фирме нет!

The director says to his coworker, "Anton, you are a good guy, but we don't have a job in our firm for someone like that!"

2. — У жирафа болит горло, когда он промочит ноги?
— Да, _____ не раньше, чем через неделю.

"Does the giraffe get a sore throat if he gets wet feet?"
"Yes, but not until the next week."

3. Дайте мне послушать меня, _____ не их!

Let's me listen to me and not to them!

4. Истины рождаются в спорах, _____ умирают в ссорах.

Truth is born through debate but dies in quarrels.

5. Париж — это город, где туристы говорят по-французски, _____ потом по-английски объясняют, что они хотели сказать.

Paris is a city where tourists speak French but then explain in English what they wanted to say.

6. Многие боксёры умеют читать и писать, _____ не в конце своей профессиональной карьеры.

Many boxers know how to read and write, but not at the end of their professional career.

7. — Я бы с удовольствием пригласил вас к себе выпить, ____ боюсь, что вы согласитесь.

I would happily invite you over to my place to have a drink, but I'm afraid that you would agree.

8. Дайте мне гольф-клуб, свежий воздух и красивую партнёршу _____ можете оставить себе гольф-клуб и свежий воздух.

Give me a golf club, fresh air and a beautiful partner, and you may leave for yourself the golf club and the fresh air.

9. Любовь купить нельзя, _____ платить за неё приходится дорого.

It's impossible to buy love, but to pay for it is necessarily expensive.

10. — Тебе должно быть стыдно! — сказал отец своему сыну-бездельнику. — Джордж Вашингтон в твои годы стал землемером и много работал.
— _____ в твои годы, — ответил сын, — он был президентом Соединённых Штатов.

"You ought to be ashamed," the father told his loafing son. "When George Washington was your age, he had become a surveyor, and worked hard."
"And when he was your age," the boy replied, "he was President of the United States."

Задание 9. Вставьте нужный союз.
Fill in the blanks with the correct conjunction.

1. Холостяк может быть таким же дураком, как и женатый, _____ ему намного реже напоминают об этом.

A bachelor may be a fool just like a married man, but he is reminded of it much less frequently.

2. Настоящая любовь, как призрак: все о ней говорят, _____ никто её не видел.

Real love is like an apparition everybody talks about it, but no one has seen it.

3. Дурак видит выгоду, _____ умный — её последствия.

A fool sees the advantage of a situation, but a wise man notes its consequences.

4. Мудрый человек знает нужное, _____ не многое.

A wise man knows that which is necessary, but not a lot.

5. Деньги идут к деньгам, _____ бедность — в гости.

Money stays home and makes money, but poverty goes visiting.

6. Оптимист считает, что Пизанская башня не падает, _____ поднимается.

An optimist thinks that the tower of Piza won't fall, but climbs it.

7. Хочу жить как все, _____ по-своему.

I want to live like everybody else, but in my own way!

8. Не забывайте, что Интернет не новая форма жизни, _____ только новое занятие.

Don't forget that the internet is not a new form of life, but a new preoccupation.

9. Не говорите женщине, что она очень красивая, скажите ей, что другой такой женщины в мире нет, _____ вам откроются все двери.

Do not tell a woman that she is very beautiful; say to her that there is no other woman on earth like her, and all doors will open to you.

10. Медицина добавляет годы жизни, _____ не добавляет жизни годам.

Medicine adds years to life, but that does not add life to years.

Задание 10. Переведите на русский язык.
Translate into Russian.

1. The computer carries out commands, but does not read your thoughts.

_____

2. Knowledge is possible to transmit, but wisdom is not.

_____

3. A man shouts in order to be heard, but a woman does it in order to be understood.

_____

4. Thinking is not entertainment, but an obligation.

_____

5. The United Nations was created for governments to conduct themselves as friends, but never relatives.

_____

6. People do not buy what they need, but what they feel like buying.

_____

7. Anton, speak to the customer as you would to your girlfriend, not like to your wife!

_____

8. Life Insurance allows you to live in poverty and die wealthy.

_____

Задание 11. Вставьте нужный союз.
Fill in the blanks with the correct conjunction.

1. Я не могу делать больше одного дела одновременно, _____ могу одновременно не делать множество дел.

I cannot do more than thing at the same time, but I am able at the same time not to do a great number of things.

2. Любовь — это огонь, _____ брак — огнетушитель.

Love is a fire, but marriage is an extinguisher.

3. Многие мужчины готовы жить в браке, _____ не 24 часа в сутки.

Many men are ready to live within marriage but not 24 hours a day.

4. Всякое бывает, _____ не с каждым.

Anything might happen but not to everybody.

5. Берут двумя руками, _____ возвращают одной.

They take with two hands but give back with one.

6. Я не верил в детекторы лжи, _____женился на одном из них.

I did not believe in the lie detector, but I married one of them.

7. Брак можно считать идеальным, если жена — сокровище, _____муж — сокровищница.

A marriage may be considered ideal, if the wife is a treasure and the husband is a treasure house.

8. Женщина знает смысл любви, ____ мужчина — её цену.

A woman knows the meaning of love, but a man knows its cost.

9. Пессимист думает, что все женщины легкомысленные, _____ оптимист надеется, что это так и есть.

A pessimist thinks that all women are frivolous, but an optimist hopes that this is so.

10. Если влюбляется холостяк, это кончается браком, _____ если женатый — разводом.

A bachelor falling in love ends with marriage, but a married man ends in divorce.

11. Жизнь даётся только один раз, _____ удаётся ещё реже.

Life is given to us only one time, and the opportunity to make a success out of it comes even less.

Задание 12. **Переведите на русский язык.**
Translate into Russian.

1. You fall in love not when you meet the ideal person, but when you see the ideal in a person who is not.

_____

2. I love you not for what kind of a person you are but for what I become when I am with you.

_____

3. Statistics show that married people live longer and complain about life longer.

_____

4. Beauty blinds, but it is easy to rob the blind.

_____

5. Everyone wants to have a friend, but no one wants to be one.

_____

Задание 13. **Вставьте нужный союз.**
Fill in the blanks with the correct conjunction.

1. О своих проблемах лучше рассказывать не друзьям, _____ своим врагам, потому что вы подарите им несколько счастливых минут, _____ они обязательно выслушают вас до конца.

2. Полночи ждала мужа, нервничала, потом вдруг вспомнила, что не замужем, _____ уснула.

3. В аптеку пришёл крестьянин с двумя рецептами: один рецепт врач выписал для жены крестьянина, _____ второй рецепт выписал ветеринар для коровы. Аптекарь дал крестьянину лекарство _____ сказал:

— Вот это — для вашей жены, _____ это — для коровы. Будьте внимательны _____ не перепутайте, _____ то ваша корова околеет (= умрёт).

4. Английский специалист по сыру Дэвис сказал: «Есть две категории людей: одни знают, как делать сыр, _____ не знают, что это такое, — это мастера; другие знают, что такое сыр, _____ не умеют его делать — это учёные».

5. Мать спрашивает у дочери, которая учится на повара:

— А вам разрешают есть то, что вы приготовили?

Дочь тяжело вздыхает:

— Не разрешают, _____ заставляют!

2 ГЛАГОЛЫ СТАТИКИ И ДИНАМИКИ
VERBS OF LOCATION AND MOTION

СТАТИКА Статичная позиция субъекта LOCATION Stationary position of the subject (the subject is at rest) **ГДЕ?** (Where?)	ДИНАМИКА Направленное перемещение объекта или субъекта MOTION Controlled shift of the subject or object **КУДА?** (Where to?)	
1. Вертикальная позиция субъекта или объекта An upright position (standing) of the subject or object		
НВ — Imperfective	НВ — Imperfective	СВ — Perfective
To be in a standing position	The act of assuming an upright position (standing) to stand, to put	
СТОЯТЬ to stand, to be situated, to be, to stop, to be at standstill	СТАВИТЬ	ПОСТАВИТЬ
	to put, to set	
2. Горизонтальная позиция субъекта или объекта A lying position of the subject or object		
To be in a lying position	The act of assuming a prone position (lying)	
ЛЕЖАТЬ to lie	КЛАСТЬ	ПОЛОЖИТЬ
	to lay, to put, to deposit, to place	
	ЛОЖИТЬСЯ	ЛЕЧЬ
	to lie down, to go to bed, to get on course, to heave(to)	
3. Висячая позиция субъекта или объекта A hanging position of the subject or object		
To be in a hanging position	The act of assuming a hanging position (hanging)	
ВИСЕТЬ to be hanging	ВЕШАТЬ	ПОВЕСИТЬ
	to hang, to hang up	
4. Сидячая позиция субъекта или объекта A sitting position of the subject or object		
To be in a sitting position	The act of assuming a sitting position (sitting)	
СИДЕТЬ to be seated	САДИТЬСЯ	СЕСТЬ
	to sit down	
	The act of placing someone, some thing into a sitting position (seating, planting)	
	САЖАТЬ	ПОСАДИТЬ
	to seat, to put	

2.1. ФОРМЫ И УПОТРЕБЛЕНИЕ ГЛАГОЛОВ СТАТИКИ
FORMS AND USE OF LOCATION VERBS

ГДЕ?			
	СТОЯТЬ	ЛЕЖАТЬ	СИДЕТЬ	ВИСЕТЬ
	НВ — Imperfective			
я	сто́ю	лежу́	сижу́	
ты	сто́ишь	лежи́шь	сиди́шь	
он / она	сто́ит	лежи́т	сиди́т	виси́т
мы	сто́им	лежи́м	сиди́м	
вы	сто́ите	лежи́те	сиди́те	
они	стоя́т	лежа́т	сидя́т	вися́т
императив	сто́й(те)!	лежи́(те)!	сиди́(те)!	(другие формы глагола «висеть» почти не употребляются в речи)

Творительный падеж (№ 5) **Instrumental Case**	Предложный падеж (№ 6) **Prepositional Case**
ПОД — location under	**В** — location in
ЗА — location behind	**НА** — location in, on, at

Задание 1. **Слова в скобках употребите в правильной грамматической форме.** **Put the words in parentheses into the correct grammatical form.**

1. Человек, который обеими ногами стоит на (земля) _____, обычно получает приказы от человека, обе ноги которого лежат на (стол) _____.

   A person who stands with both feet on the ground usually receives orders from a person with both legs lying on a table.

2. За (весы) _____ правосудия стоял продавец.

   A salesman stood behind the scales of justice.

3. Многие законы напоминают девушек, которые стоят на (дискотека) _____ в (сторона) _____.

   Many laws remind one of girls who stand at the side at a dance.

4. Кинозвезда — это человек, который сидит на (сахарный трон) _____ _____ под (дождь) _____.

   A movie star is a person who sits on a throne of sugar under the rain.

Задание 2. Употребите глаголы и слова в скобках в правильной грамматической форме с предлогами «в», «на» или «под».
Put the verbs and words in parentheses into the correct grammatical form with the prepositions «в», «на» or «под».

стоять, лежать, висеть / в, на, под

Образец: Словари ... ... (книжная полка). → Словари **стоят на** книжной полке.

1. Ключ ... ... (синяя сумка).
_____

2. Это объявление ... ... (входная дверь — entrance door).
_____

3. Все контракты ... ... (красная папка — red folder).
_____

4. Тарелка с курой ... ... (микроволно́вка — microwave oven).
_____

5. Чёрный костюм ... ... (большой шкаф — big closet).
_____

6. Твои грязные вещи (your dirty clothes) ... ... (стиральная машина — washing machine).
_____

7. Деньги и документы ... ... (наш сейф — safe).
_____

8. Цветы ... ... (большая ваза).
_____

9. Я не хочу, чтобы телевизор ... ... (угол — in the corner).
_____

10. ... (высокое дерево) ... новая скамейка.
_____

2.2. ФОРМЫ И УПОТРЕБЛЕНИЕ ГЛАГОЛОВ ДИНАМИКИ
FORMS AND USE OF MOTION VERBS

КУДА? В, НА, ЗА, ПОД + винительный падеж (№ 4) — Accusative Case				
Настоящее время	Прошедшее время	Будущее время	Прошедшее время	Простое будущее время
КЛАСТЬ (НВ)			ПОЛОЖИТЬ (СВ)	
кладу́	клал	буду	положи́л	положу́
кладёшь	кла́ла	будешь	положи́ла	поло́жишь
кладёт	кла́ли	будет	положи́ли	поло́жит
кладём		будем + класть		поло́жим
кладёте		будете		поло́жите
кладу́т		будут		поло́жат
императив — клади́(те)!			императив — положи́(те)!	
СТАВИТЬ (НВ)			ПОСТАВИТЬ (СВ)	
ста́влю	ста́вил	буду	поста́вил	поста́влю
ста́вишь	ста́вила	будешь	поста́вила	поста́вишь
ста́вит	ста́вили	будет	поста́вили	поста́вит
ста́вим		будем + ставить		поста́вим
ста́вите		будете		поста́вите
ста́вят		будут		поста́вят
императив — ста́вь(те)!			императив — поста́вь(те)!	
ВЕШАТЬ (НВ)			ПОВЕСИТЬ (СВ)	
ве́шаю	ве́шал	буду	пове́сил	пове́шу
ве́шаешь	ве́шала	будешь	пове́сила	пове́сишь
ве́шает	ве́шали	будет	пове́сили	пове́сит
ве́шаем		будем + вешать		пове́сим
ве́шаете		будете		пове́сите
ве́шают		будут		пове́сят
императив — ве́шай(те)!			императив — пове́сь(те)!	
САДИТЬСЯ (НВ)			СЕСТЬ (СВ)	
сажу́сь	сади́лся	буду	сел	ся́ду
сади́шься	сади́лась	будешь	села	ся́дешь
сади́тся	сади́лись	будет	сели	ся́дет
сади́мся		будем + садиться		ся́дем
сади́тесь		будете		ся́дете
садя́тся		будут		ся́дут
императив — сади́сь! / сади́тесь!			императив — ся́дь(те)!	

КУДА? В, НА, ЗА, ПОД + винительный падеж (№ 4) — Accusative Case				
Настоящее время	Прошедшее время	Будущее время	Прошедшее время	Простое будущее время
ЛОЖИТЬСЯ (НВ)			ЛЕЧЬ (СВ)	
ложу́сь ложи́шься ложи́тся ложи́мся ложи́тесь ложа́тся	ложи́лся ложи́лась ложи́лись	буду будешь будет будем + ложиться будете будут	лёг легла́ легли́	ля́гу ля́жешь ля́жет ля́жем ля́жете ля́гут
императив — ложи́сь! / ложи́тесь!			императив — ля́г(те)!	

Задание 3. Слова в скобках употребите в правильной грамматической форме.
Put the words in parentheses into the correct grammatical forms.

1. На (смирный осёл) _____ _____ садятся двое.

   Two may sit on a calm donkey.

2. В (чужая жена) _____ чёрт кладёт ложку мёда.

   The devil puts a spoonful of honey into somebody else's wife.

3. Без хорошего аппетита не стоит садиться за (стол) _____ переговоров.

   Without a good appetite, it's not worth sitting down at the negotiation table.

4. Друзья — это люди, которые берут у вас книги и ставят на (они) _____ мокрые стаканы.

   Friends are people who take books from you and put wet glasses on them.

5. После пива или вина я обычно сажусь за (руль) _____, потому что не могу стоять на (ноги) _____.

   After beer or wine, I usually take the wheel, because I'm unable to stand on my feet.

2.3. УПОТРЕБЛЕНИЕ ГЛАГОЛОВ СТАТИКИ И ДИНАМИКИ
USE OF LOCATION AND MOTION VERBS

Задание 4. Употребите глаголы и слова в скобках в правильной грамматической форме с предлогами «в», «на», «за» или «под».
Put the verbs and words in parentheses into the correct grammatical form with the prepositions «в», «на», «за» or «под».

стоять / лежать / висеть;

класть / положить; ставить / поставить; вешать/ повесить;

садиться / сесть, ложиться / лечь;

в / на / за / под

1. Чьи деньги _____ ____ (мой носок — my sock) _____? Наверное, Дед Мороз (Santa Claus) _____ их. Хочу, чтобы он всегда, даже летом, _____ деньги (там / туда) _____.

2. Что это?! Какой умник (bright spark) вместо продуктов (food) _____ словарь ___ (холодильник — the fridge) _____?

3. Почему мокрый плащ _____ ____ (шкаф) _____?

4. Все гости уже сидят _____ (диван) _____, _____ (стол)_____ .

5. Наш кот, как обычно, _____ ____ (моя кровать) _____ _____ и спит.

6. Раньше _____ (эта стена) _____ _____ _____ портрет её мужа.

7. О боже! Чья тарелка с супом _____ ____(мой стул) _____?!

8. Мы пришли в ресторан и _____ ____ (стол) _____ у окна.

9. Я всегда _____ машину _____ (гараж — garage) _____. И сейчас машина _____ (там / туда) _____.

10. Раньше жена всегда _____ много специй _____ (еда) _____.

11. Друг _____ бутылку пива и бокалы _____ (стол) _____, потом включил телевизор и _____ ____ (старое кресло) _____ _____.

12. Дети спрашивают, где _____ твой футбольный мяч.

13. Сергей позвонил и сказал, что _____ около метро и ждёт нас.

14. Какие красивые цветы _____ ____ (синяя ваза) _____! Кто _____ их (там /туда) _____?

15. Много лет назад наш дом _____ ____ (это место) _____.

16. Она сняла свои драгоценности (jewels) и _____ (их) _____ (красивая шкатулка) _____!

Задание 5. Переведите на русский язык.
Translate into Russian.

1. Why (or What reason … for) did you put the armchair in the corner?

_____

2. What bright spark didn't put the ice-cream into the fridge?

_____

3. Don't put all your eggs in one basket.

_____

4. What do you usually put in the salad?

_____

5. Where can I hang my wet raincoat?

_____

6. Do not put your documents and money here. Somebody can steal it.

_____

7. Tell me the truth. Where is your expensive coat hanging?

_____

8. Take out my silver spoon from your pocket and put in on the table!

_____

9. It is not worth pulling the vase on the floor.

_____

10. Where does he park his car?

_____

11. Fine, our ski lift was broken! It will be interesting to know how long will we hang there?

_____

12. Will this blabber blabber sit down close to me?

_____

13. I always take this bus.

_____

14. He sat down on the sofa and started to read the book.

_____

15. Look! His girlfriend is sitting and smoking in the car.

_____

3 ПРИЛАГАТЕЛЬНЫЕ И НАРЕЧИЯ
ADJECTIVES AND ADVERBS

3.1. СТЕПЕНИ СРАВНЕНИЯ ПРИЛАГАТЕЛЬНЫХ И НАРЕЧИЙ
ADJECTIVES' AND ADVERBS' DEGREES OF COMPARISON

ПРИЛАГАТЕЛЬНЫЕ И НАРЕЧИЯ В СРАВНИТЕЛЬНОЙ СТЕПЕНИ THE COMPARATIVE OF ADJECTIVES AND ADVERBS	ПРИЛАГАТЕЛЬНЫЕ И НАРЕЧИЯ В ПРЕВОСХОДНОЙ СТЕПЕНИ SUPERLATIVE OF ADJECTIVES AND ADVERBS
ПРОСТЫЕ ФОРМЫ SIMPLE FORMS	
Прилагательное / наречие **Adjective / Adverb** + **суффиксы** **-ЕЕ, -Е, -ШЕ** **-ЕЙ** (употребляется в разговорном стиле и в стихотворной речи (it is used in conversation style and poetic speech)) *Например:* Скажи, какой фильм из этих двух интересн**ее** (интересн**ей**)? Новое кресло шир**е** старого. Сегодня он ушёл с работы рань**ше**.	**Прилагательное** **Adjective** + **суффиксы** **-АЙШ- (после Ж, Ш, Ч, Щ), -ЕЙШ-** *Например:* Мои родители — добр**ейш**ие люди. 😎 Каждый из нас — велич**айш**ий в мире авторитет для самого себя. Each one of us is a great world authority for himself.
СЛОЖНЫЕ ФОРМЫ ANALITICAL FORMS	
более / менее **more / less** + **прилагательное / наречие** **Adjective / Adverb** *Например:* Друг влюбился и стал одеваться более элегантно, чем раньше. Второе блюдо не менее вкусное, чем первое.	1. Абсолютная превосходная степень прилагательных The Absolute Superlative of Adjectives **самый /самая / самое / самые** **the most** + **прилагательное** **Adjective** *Например:* В ресторане он заказал самое дорогое блюдо.

ПРИЛАГАТЕЛЬНЫЕ И НАРЕЧИЯ В СРАВНИТЕЛЬНОЙ СТЕПЕНИ THE COMPARATIVE OF ADJECTIVES AND ADVERBS	ПРИЛАГАТЕЛЬНЫЕ И НАРЕЧИЯ В ПРЕВОСХОДНОЙ СТЕПЕНИ SUPERLATIVE OF ADJECTIVES AND ADVERBS

СЛОЖНЫЕ ФОРМЫ
ANALITICAL FORMS

	2. Относительная превосходная степень прилагательных The Relative superlative **наиболее / наименее** **the most** + **прилагательное** **Adjective** *Например:* Инженеры нашли **наиболее эффективный** способ решения проблемы. 3. Превосходная степень наречий The Superlative of Adverbs **Сравнительная степень наречий** **The Comparative of Adverbs** + **всего, всех** **then all** *Например:* В хорошую погоду **лучше всего** отдыхать за городом. Он пробежал дистанцию **быстрее всех**.

Прилагательные и наречия в сравнительной степени даны здесь в следующем порядке
The simple comparative of adjectives and adverbs given here in the following order

1.	2.	3.	4.	5.	6.	7.
-ЕЕ	-Е	-ЛЕ	-ЖЕ	-ЧЕ	-ШЕ	-ЩЕ

Прилагательные и наречия Adjectives and Adverbs	Простая сравнительная степень The Simple Comparative -ЕЕ
аккура́тный — thorough, accurate, punctual, reliable… аккура́тно — punctual, careful, orderly, neat, tidy, conscientious	аккура́тнее — more thorough, more reliable, more punctual
акти́вный — active акти́вно — actively	акти́внее — more active

Прилагательные и наречия Adjectives and Adverbs	Простая сравнительная степень The Simple Comparative -ЕЕ
бéдный — poor бéдно — poorly	беднéе — poorer
беспокóйный — disturbing беспокóйно — in a disturbed fashion	беспокóйнее — more disturbing
блéдный — pale блéдно — palely	бледнéе — paler
бы́стрый — quick, rapid бы́стро — rapidly	быстрéе — quicker, more rapidly
вáжный — important вáжно — importantly	важнéе — more important
весёлый — merry, jolly, cheerful вéсело — cheerfully, merrily	веселéе — merrier, more cheerful, jollier
вéжливый — polite, civil, courteous вéжливо — politely	вéжливее — more polite, more courteous, more civil
вкýсный — delicious, tasty вкýсно — tastily, deliciously	вкуснéе — more tasty, more delicious
внимáтельный — attentive внимáтельно — attentively	внимáтельнее — more attentive
врéдный — harmful, injurious, unhealthy вредно — harmfully	вреднéе — more harmful, more injurious, more unhealthy

Задание 1. **Вставьте прилагательные и наречия в простой сравнительной степени.**
Insert in the blanks the simple comparative of adjectives and adverbs.

1. Если роза пахнет лучше капусты, это ещё не значит, что суп из неё (вкусный) _____.

   If a rose smells better than a cabbage, it still does not mean that soup made from it is tastier.

2. Не водите машину (быстро) _____, чем летает ваш ангел-хранитель!

   Don't drive a car faster than your guardian angel can fly!

3. Много чего в жизни (важно) _____ денег, когда они есть!

   There is a lot in life that is more important than money when there is money!

4. Чем хуже повара, тем (вежливые) _____ _____ должны быть официанты.

   The worse the cook, the more polite the servers have to be.

Им.п.		Род.п.
Наш друг всегда был активнее, **чем мы**. = Наш друг всегда был активнее **нас**.		

Задание 2. **Измените предложения по образцу.**
Change the sentences according to the model.

Образец: Торт (вкусный), чем яблоки.
Торт **вкуснее**, чем яблоки.
Торт вкуснее яблок.

1. На вечеринке все были (весёлые), чем я.
_____

2. Сестра всё делает (аккуратная), чем брат.
_____

3. Какое животное бегает (быстро), чем лошадь?
_____

4. Все видели, что покупатель был (вежливо), чем продавец.
_____

5. Как вы думаете: чипсы (вредные), чем конфеты?
_____

6. Этот шашлык (вкусный), чем котлеты.
_____

7. Здоровье (важное), чем деньги.
_____

Задание 3. **Впишите в предложения подходящие по смыслу прилагательные и наречия в сравнительной степени. Пользуйтесь данной выше таблицей.**
Insert in the blanks the comparative of adjectives and adverbs which make the most sense. Use the table which is giving above.

1. Чтобы понимать, о чём говорят люди, надо слушать их _____.
2. Первым здоровается тот, кто _____.
3. На вечеринках, конечно, _____ , чем на занятиях.
4. Я хочу пойти в другой ресторан, потому что там готовят _____.
5. Что _____ : курить или пить пиво?
6. Если хочешь осуществить свою мечту, будь в жизни _____!
7. Собирайся (get ready) _____ , у нас мало времени!

Задание 4. **Переведите на русский язык.**
Translate into Russian.

1. When speaking about love, the woman always hears more quickly than the man speaks.
_____

2. It is pleasant to be important but to be pleasant is more important.
_____

3. The nobler it is to believe everybody, the safer it is not to believe anybody.
_____

4. Pizza comes to you more quickly than the police.
_____

5. The less a person knows you, the more polite he is to you.

_____

6. A husband will always find his wife's shortcomings more quickly than his own socks.

_____

7. Before taking money from a friend, think what is more important to you.

_____

8. Any line moves faster once you have come out of it.

_____

Наречия в превосходной степени The Superlative of Adverbs	Прилагательные в простой превосходной степени The Simple Absolute Superlative of Adjectives -ЕЙШ-
аккура́тнее всего / всех — more thorough, more reliable, more punctual	аккура́тнейший — most thorough, very accurate, very punctual, most reliable
акти́внее всего / всех — more active	акти́внейший — most / very active
бедне́е всего / всех — poorer	бедне́йший — poorest
беспоко́йнее всего / всех — more disturbing	беспоко́йнейший — most / very disturbing
быстре́е всего / всех — quicker, more rapidly	быстре́йший — fastest
важне́е всего / всех — more important	важне́йший — very / most important
веселе́е всего / всех — merrier, jollier, more cheerful	самый весёлый — very merry, merriest, jolliest, most cheerful
ве́жливее всего / всех — more polite, more courteous, more civil	ве́жливейший — politest, most polite
вкусне́е всего / всех — more tasty, more delicious	вкусне́йший — tastiest, most tasty
внима́тельнее всего / всех — more attentive	внима́тельнейший — very attentive, most attentive
вредне́е всего / всех — more harmful, more injurious, more unhealthy	вредне́йший — very harmful, most harmful

Задание 5. **Замените прилагательное в сложной превосходной степени прилагательным в простой превосходной степени. Пользуйтесь данной выше таблицей.**
Replace the analytical form of the absolute superlatives of adjective with the simple absolute. Use the table which is giving above.

Образец: Это **самый быстрый** способ решения проблемы.

Это **быстрейший** способ решения проблемы.

1. Издательство в (самой вежливой) _____ форме отказалось от публикации нового романа писателя.

2. Адвокат выиграл процесс благодаря (самому внимательному) _____ изучению дела.

3. Мы поблагодарили бабушку за (самый вкусный) _____ обед.

4. Какие (самые важные) _____ решения вы принимали в своей жизни?

5. Во многих продуктах содержатся (самые вредные) _____ для человеческого организма вещества.

6. Будущий артист родился в (самой бедной) _____ семье.

Задание 6. Ответьте на вопросы, используя наречия в превосходной степени. Пользуйтесь данной выше таблицей.

Answer the questions using the absolute superlative of adverbs. Use the table which is giving above.

1. Как младшая сестра пишет в тетрадях?

_____

2. Как готовит муж-повар?

_____

3. Как вёл себя новый коллега?

_____

4. Как Александр слушал лекцию?

_____

5. Как наш спортсмен пробежал дистанцию?

_____

6. Как спал больной ребёнок этой ночью?

_____

Прилагательные и наречия Adjectives and Adverbs	Простая сравнительная степень The Simple Comparative -ЕЕ
глу́пый — stupid глу́по — stupidly	глупе́е — more stupid
голо́дный — hungry го́лодно — hungrily	голодне́е — hungrier
горя́чий — hot горячо́ — hotly	горяче́е — hotter
гру́стный — sad гру́стно — sadly	грустне́е — sadder
гря́зный — dirty гря́зно — dirtily, in a dirty fashion	грязне́е — dirtier
дли́нный — long дли́нно — long	длинне́е — longer
до́брый — kind, good	добре́е — kinder
злой — evil зло — evilly	зле́е — more evil
и́скренний — sincere, candid и́скренно — in a sincere fashion	и́скреннее — sincerely
краси́вый — beautiful, lovely, pretty, good-looking, fine краси́во — beautifully	краси́вее — more beautiful, lovelier, prettier, more good looking, finer

Прилагательные и наречия Adjectives and Adverbs	Простая сравнительная степень The Simple Comparative -ЕЕ
кру́пный — big, large, heavily built, massive, large-scale кру́пно — largely, in a massive fashion, in large-scale fashion	крупне́е — bigger
лени́вый — lazy лени́во — lazily	ленивее — lazier
медленный — slow медленно — slowly	медленнее — more slowly
на́глый — impudent на́гло — in an impudent fashion, impudently	нагле́е — more impudent
не́жный — gentle, tender, tender-hearted, frail не́жно — tenderly, gently, frailly	нежне́е — gentler, more tender, more tender-hearted, more frail
несча́стный — unhappy, miserable несча́стно — unhappily, miserably	несча́стнее — more unhappy, more miserable
но́вый — new, modern но́во — newly	новее — newer
ну́дный — boring, tedious ну́дно — monotonously, tiresomely	нудне́е — more boring
ну́жный — necessary ну́жно — necessarily	нужне́е — more necessary

Задание 7. Вставьте прилагательные и наречия в простой сравнительной степени.
Insert in the blanks the simple comparative of adjectives and adverbs.

1. Он не так глуп, как кажется, он ещё (глупый) _____!

He isn't as stupid as he seems; he is more stupid!

2. Объявление: «Тромбонист купит куртку с правым рукавом в полтора раза (длинный) _____ левого».

Announcement: "Trombonist will buy jacket with right sleeve $1^1/_2$ times longer than the left."

3. Прежде чем взять в долг деньги у друга, подумай, что тебе (нужно) _____.

Before taking money from a friend, think what is more important to you.

4. Есть писатели, говорить о которых (интересно) _____, чем читать их.

There are writers, for whom it is more interesting to talk about than to read.

5. Он заметил, что женщины намного (красивые) _____ жён.

He have noticed that women are much more beautiful than wives.

6. Однажды мудрый Диоген вернулся к своей бочке, а её нет! После этого случая он стал ещё (мудрый) _____.

One time, wise Diogenes returned to his barrel, and it was gone! After that incident, he became even wiser.

7. Не смотри на жизнь (мрачно) _____, чем она на тебя!

Don't look at life more somberly than it looks at you!

8. Серьёзность дураков (заразительная) _____
_____, чем их смех.

The seriousness of fools is more infectious than their laughter.

9. Тот, кто едет (медленно) _____ вас, —
тупой; тот, кто едет (быстро) _____, —
псих.

The one who drives slower than you is an idiot; the one who drives faster is a nut case (mad).

10. Чем (недогадливый) _____
следователь, тем (длинный) _____
детектив.

The more dense the investigator, the longer the detective story.

Задание 8. **Замените данные предложения противоположными по смыслу.**
Replace the following sentences with expressions that have the opposite meaning.

1. Нет собаки добрее, чем эта.

_____

2. На дороге были пробки, поэтому мы ехали медленнее, чем обычно.

_____

3. Первая часть рассказа грустнее, чем последняя.

_____

Наречия в превосходной степени The Superlative of Adverb	Прилагательные в простой превосходной степени The Simple Absolute Superlative of Adjectives -ЕЙШ-
глупée всего / всех — more stupid	глупéйший — most stupid, very stupid
голоднée всего / всех — hungrier	голóднейший — hungriest, most hungry
горячée всего / всех — hotter	сáмый горячий — hottest, very hot
грустнée всего / всех — sadder	грустнéйший — very sad, saddest
грязнée всего / всех — dirtier	грязнéйший — dirtiest
длиннée всего / всех — longer	длиннéйший — longest
добрée всего / всех — kinder	добрéйший — kindest
злée всего / всех — more evil	злéйший — very evil, most evil
úскреннее всего / всех — sincerely	úскреннейший — very sincere, most sincere
красúвее всего / всех — more beautiful, lovelier, prettier, more good looking, finer	красúвейший — loveliest, prettiest, best looking, finest
крупнée всего / всех — bigger	крупнéйший — biggest
ленúвее всего / всех — lazier	ленúвейший — laziest
мéдленнее всего / всех — more slowly	сáмый мéдленный — slowest
наглée всего / всех — more impudent	наглéйший — most impudent, very impudent
нежнée всего / всех — gentler, more tender, more tender-hearted, more frail	нежнéйший — gentlest, most tender, tender-hearted, most frail

Наречия в превосходной степени The Superlative of Adverbs	Прилагательные в простой превосходной степени The Simple Absolute Superlative of Adjectives -ЕЙШ-
несча́стнее всего / всех — more unhappy, more miserable	несча́стнейший — most unhappy, most miserable
нове́е всего / всех — newer	нове́йший — newest
нудне́е всего / всех — more boring	нудне́йший — most boring, very boring
нужне́е всего / всех — more necessary	са́мый ну́жный — most necessary

Задание 9. Ответьте на вопросы, используя прилагательные и наречия в превосходной степени. Пользуйтесь данной выше таблицей.

Answer the questions using the absolute superlative of adjectives and adverbs. Use the table which is giving above.

1. Что можно сказать о человеке, которого никто не любит?
_____

2. Почему студенты уснули на лекции?
_____

3. Как мать относится к новорожденному ребёнку?
_____

4. Каким образом ведёт себя бессовестный человек?
_____

5. Кто будет играть главную героиню в новом фильме?
_____

6. Почему к этой собаке лучше не приближаться?
_____

7. Почему все так любят его?
_____

8. Почему вы решили поехать туда по другой дороге?
_____

9. Какое из окон нужно вымыть сегодня?
_____

10. Почему, когда семья собирается куда-нибудь пойти, мать всегда начинает торопить младшую дочь?
_____

11. Какой человек ничего не делает даже для себя?
_____

Задание 10. Переведите на русский язык.
Translate into Russian.

1. The more stupid a person is, the more difficult he is to understand.
_____

2. The unnecessary is always more necessary.
_____

3. To be skillfully silent is no less important than to be a skillful speaker.

_____

4. What could be more foolish than foolish laughter?

_____

5. In a quarrel, the one who is the most boring triumphs!

_____

Прилагательные и наречия Adjectives and Adverbs	Простая сравнительная степень The Simple Comparative -ЕЕ
опа́сный — dangerous опа́сно — dangerously	опа́снее — more dangerous
о́пытный — experienced	о́пытнее — more experienced
осторо́жный — careful осторо́жно — carefully	осторо́жнее — more careful
о́стрый — sharp, pungent, strong, acute, violent о́стро — sharply, pungently, strongly, acutely, violently	остре́е — sharper, more pungent, more acute, more violent
отврати́тельный — disgusting отврати́тельно — disgustingly, in disgusting fashion	отврати́тельнее — more disgusting
печа́льный — sad, sorrowful, somber, sorry, lamentable печа́льно — sadly, sorrowfully, somberly, in a lamentable fashion	печа́льнее — sadder
поле́зный — useful поле́зно — usefully	поле́знее — more useful
по́лный — complete, full, plump, stout по́лно — completely, fully, in a plump fashion, stoutly	полне́е — more plump, more stout
примити́вный — primitive примити́вно — primitively	примити́внее — more primitive
прия́тный — pleasant, agreeable, nice прия́тно — pleasantly, agreeably	прия́тнее — more pleasant, more agreeable, nicer

Задание 11. Вставьте прилагательные и наречия в простой сравнительной степени.
Insert in the blanks the simple comparative of adjectives and adverbs.

1. Жизнь, потраченная на совершение ошибок, не только (достойная) _____, но и (полезная) _____, чем жизнь, потраченная на ничегонеделание.

A life spent making mistakes is not only more honorable but more useful than a life spent doing nothing.

2. Чем (опытный) _____ бизнесмен, тем (медленно) _____ он читает контракт.

The more experienced a businessman is, the more slowly he reads a contract.

3. 😊 Мужу опасно возвращаться домой слишком поздно, но ещё (опасно)_____ возвращаться рано утром.

It's dangerous for a husband to come home too late, but it is still more dangerous for him to return early in the morning.

4. 😊 Плохой характер — это быть (неприятный) _____, чем это необходимо, а плохое воспитание — быть (приятный) _____, чем это нужно.

It is bad character to be more unpleasant than necessary, and bad upbringing is to be more pleasant than necessary.

5. 😊 Аварий было бы меньше, если бы фонарные столбы вели себя (осторожно) _____.

There would be fewer accidents if street lights behaved themselves more carefully.

6. 😊 Одиночество (приятно) _____ всего, если есть с кем его разделить.

Loneliness is most pleasant of all if there is someone with whom to share it.

Задание 12. 🔑 **Впишите подходящие по смыслу прилагательные и наречия в сравнительной степени. Пользуйтесь данной выше таблицей.**
Insert in the blanks the comparative of adjectives and adverbs which make the most sense. Use the table which is giving above.

1. Есть много мяса вредно, есть фрукты и овощи _____ .
2. Он делает эту работу лучше всех, потому что _____ своих коллег.
3. Этот нож не острый. У вас есть нож _____ ?
4. Отдыхать _____ , чем работать.

Задание 13. 🔑 **Ответьте на вопросы, используя прилагательные и наречия в сравнительной степени. Пользуйтесь данной выше таблицей.**
Answer the questions using the comparative of adjectives and adverbs which make the most sense. Use the table which is giving above.

1. Почему вы хотите читать в саду, а не в комнате?
_____

2. Какой была ваша подруга до диеты?
_____

3. Почему Сергей по субботам не сидит с друзьями в пабе, а плавает в бассейне?
_____

4. Что вы скажете ребёнку, который хочет погладить бездомную собаку?
_____

5. Почему пациент требует, чтобы операцию хирург делал сам, а не практикант?
_____

6. Почему вы решили купить другие ножницы?
_____

Наречия в превосходной степени The Superlative of the Adverbs	Прилагательные в простой превосходной степени The Simple Absolute Superlative of Adjectives **-ЕЙШ-**
опа́снее всего / всех	опа́снейший — most dangerous
о́пытнее всего / всех — more experienced	о́пытнейший — most experienced
осторо́жнее всего / всех — more careful	осторо́жнейший — most careful
остре́е всего / всех — sharper, more pungent, more acute, more violent	остре́йший — sharpest, most pungent, most acute, most violent
отврати́тельнее всего / всех — more disgusting	отврати́тельнейший — very disgusting
печа́льнее всего / всех — sadder	печа́льнейший — saddest, very sad
поле́знее всего / всех — more useful	поле́знейший — very useful
полне́е всего / всех — more plump, more stout	полне́йший — most plump, most stout
примити́внее всего / всех — more primitive	примити́внейший — most primitive, very primitive
прия́тнее всего / всех — more pleasant, more agreeable, nicer	прия́тнейший — nicest, very pleasant

Задание 14. Вставьте подходящие по смыслу прилагательные и наречия в превосходной степени. Пользуйтесь данной выше таблицей.

Insert in the blanks the absolute superlative of adjectives and adverbs which make the most sense. Use the table which is giving above.

1. Купаться _____ в жаркий день.
2. Какие _____ овощи вы знаете?
3. _____ обижать беззащитных людей и животных.
4. Артист цирка показал _____ трюк с тиграми.
5. _____ то, что молодость не возвращается.
6. Наша корзина с фруктами была _____ .

Прилагательные и наречия Adjectives and Adverbs	Простая сравнительная степень The Simple Comparative -ЕЕ
прохла́дный — chilly прохла́дно — in a chilly fashion	прохла́днее — chillier
све́тлый — light светло́ — lightly	светле́е — lighter
свобо́дный — free свобо́дно — freely	свобо́днее — more free, freer
си́льный — strong си́льно — strongly	сильне́е — stronger
ску́чный — dull, boring, tedious ску́чно — tediously, boringly, in a dull fashion	скучне́е — more dull, boring; more tedious
сла́бый — weak сла́бо — weakly	слабе́е — weaker
сме́лый — brave сме́ло — bravely, confidently	смеле́е — braver
содержа́тельный — consistent содержа́тельно — consistently	содержа́тельнее — more consistent
счастли́вый — happy счастли́во — happily	счастли́вее — happier
тёмный — dark темно́ — darkly	темне́е — darker
тру́дный — difficult тру́дно — with difficulty	трудне́е — more difficult
трусли́вый — cowardly трусли́во — cowardly	трусли́вее — more cowardly
тупо́й — blunt, dull ту́по — bluntly, dully	тупе́е — more dull, more blunt
ужа́сный — terrible ужа́сно — terribly	ужа́снее — more terrible
у́мный — clever умно́ — cleverly	умне́е — cleverer
холо́дный — cold хо́лодно — coldly	холодне́е — colder

Задание 15. Вставьте прилагательные и наречия в простой сравнительной степени. Insert in the blanks the simple comparative of adjectives and adverbs.

1. Найти место для паркинга (трудно) _____ всего в гараже.

Finding a place to park is most difficult of all in a garage.

2. Чем меньше у нас мыслей, тем (свободно) _____ мы ими делимся.

The fewer thoughts we have, the more freely we share them.

3. Ужасно, если певец вдруг замечает, что у него пропал голос, но ещё (ужасно) _____, если он не замечает этого.

It's terrible if a singer suddenly notices that he has lost his voice, but still more horrible if he does not notice this.

4. Один студент говорит другому:
— Я намного (умный) _____тебя, потому что ты платишь репетиторам, а я плачу экзаменаторам!

One student says to another one, "I'm a lot smarter than you because you pay tutors, but I pay examiners!"

5. Лето — это когда городской смог становится (тёплый) _____.

Summer is time when the city smog becomes warmer.

6. Одинаковые болезни сближают (сильно) _____, чем одинаковые убеждения.

Similar illnesses bring people together more strongly than similar convictions.

7. Нет ничего (смелый) _____ глупости.

There is nothing more daring than stupidity.

8. Правда (удивительная) _____ вымысла.

The truth is more surprising than fantasy.

9. Первым в любви признаётся тот, у кого (слабые) _____ нервы.

The first to confess love is the one with the weaker nerves.

Задание 16. Подберите антонимы и составьте с ними предложения. Choose the antonyms and compose the sentences with them.

Образец: теплее — ...

теплее — **прохладнее**
Вода в бассейне сегодня прохладнее, чем вчера.

1. смелее — _____

_____

2. светлее — _____

_____

3. глупее — _____

_____

4. горячее — _____

_____

5. несчастнее — _____

_____

6. сильнее — _____

_____

7. острее — _____

_____

Задание 17. Впишите в предложения подходящие по смыслу прилагательные и наречия в сравнительной степени. Пользуйтесь данной выше таблицей.
Insert in the blanks the comparative of adjectives and adverbs which make the most sense. Use the table which is giving above.

1. В тексте много незнакомых слов, поэтому переводить его будет _____ .
2. Вечером стало _____ , поэтому мы надели куртки.
3. Сидеть в кресле _____ , чем на стуле.
4. Моему брату всегда везёт, он _____ меня.
5. Если ты кашляешь, то одевайся _____ !

Задание 18. Переведите на русский язык.
Translate into Russian.

1. There is no more foolish desire than the desire to be cleverest of all.
_____

2. The person who is smarter than you always seems to be too smart.
_____

3. Seeing your own horns is more difficult than somebody else's.
_____

4. Don't be smarter than you are allowed to be!
_____

5. Selecting a birthday present for a wife is usually more difficult than it was choosing the wife.
_____

Наречия в певосходной степени The Superlative of the Adverbs	Прилагательные в простой превосходной степени The Simple Absolute Superlative of Adjectives -ЕЙШ-
прохла́днее всего / всех — chillier	прохла́днейший — chilliest, very chilly
светле́е всего / всех — lighter	светле́йший — very light, lightest
свобо́днее всего / всех — more free, freer	свобо́днейший — very free, most free
сильне́е всего / всех — stronger	сильне́йший — strongest, very strong
скучне́е всего / всех — more dull, boring; more tedious	скучне́йший — very dull, most boring
слабе́е всего / всех — weaker	слабе́йший — very weak, weakest
смеле́е всего / всех — braver	смеле́йший — very brave, bravest
содержа́тельнее всего / всех — more consistent	содержа́тельнейший — most consistent
счастли́вее всего / всех — happier	счастли́вейший — very happy, happiest
темне́е всего / всех — darker	темне́йший — very dark, darkest
трудне́е всего / всех — more difficult	трудне́йший — the most difficult, very difficult
трусли́вее всего / всех — more cowardly	трусли́вейший — very cowardly, most cowardly
тупе́е всего / всех — more dull, more blunt	тупе́йший — very dull, most blunt

Превосходная степень наречий The Superlative of Adverbs	Простая превосходная степень прилагательных The Simple Absolute Superlative of Adjectives -ЕЙШ-
ужа́снее всего / всех — more terrible	ужа́снейший — most terrible, very terrible
умне́е всего / всех — cleverer	умне́йший — cleverest, very clever
холодне́е всего / всех — colder	холодне́йший — coldest

Задание 19. Замените прилагательные в сложной превосходной степени прилагательными в простой превосходной степени.

Replace the analytical form of the absolute superlative of adjective with the simple absolute.

Образец: Это вещество нужно хранить в (самое тёмное) _____ месте.

Это вещество нужно хранить в **темнейшем** месте.

1. В жару он мечтал о (самом холодном) _____ пиве.
2. Правда ли, что заяц — (самое трусливое) _____ животное?
3. Парень пришёл на Хэллоуин в (самой ужасной) _____ маске.
4. Конкурс выиграл (самый умный) _____ участник проекта.
5. Математик быстро решил (самую трудную) _____ задачу.
6. Елена рассказала о (самых счастливых) _____ годах своей жизни.

Задание 20. Вставьте подходящие по смыслу наречия в превосходной степени. Пользуйтесь данной выше таблицей.

Insert in the blanks the absolute superlative of adverbs which make the most sense. Use the table which is giving above.

1. Я считаю, что _____ вставать рано утром в понедельник.
2. _____ на Северном полюсе.
3. Средней сестре повезло: её жизнь сложилась _____ .
4. Он так испугался, что вёл себя _____ .

Прилагательные и наречия Adjectives and Adverbs	Простая сравнительная форма The Simple Comparative -Е
широ́кий — wide широко́ — widely	ши́ре — wider
Наречия в превосходной степени The Superlative of Adverbs	**Прилагательные в простой превосходной степени** The Simple Absolute Superlative of Adjectives
ши́ре всего / всех — wider	широча́йший — widest

Прилагательные и наречия Adjectives and Adverbs	Простая сравнительная степень The Simple Comparative -ЛЕ
дешёвый — cheap дёшево — cheaply	деше́вле — cheaper
Наречия в превосходной степени **The Superlative of Adverbs**	**Прилагательные в сложной превосходной степени** **The Absolute Superlative of Adjectives**
деше́вле всего / всех — cheaper	са́мый дешёвый — cheapest

Задание 21. Вставьте прилагательные в простой сравнительной степени.
Insert in the blanks the simple comparative of adjectives.

1. Когда я получаю подарки, моя улыбка становится (широкая) _____, чем обычно.

   When I receive presents, my smile becomes wider than usual.

2. Мужество — это когда смотришь на продавца и говоришь: «Мне нужно что-нибудь (дешёвое) _____».

   Courage is when you look at the salesman and say, "For me something cheaper."

Задание 22. Впишите в предложения подходящие по смыслу прилагательные и наречия в сравнительной степени. Пользуйтесь данными выше таблицами.
Insert in the blanks the comparative of adjectives and adverbs which make the most sense. Use the tables which are giving above.

1. На распродаже (on sale) всё можно купить

_____.

2. Эти туфли узкие. Дайте, пожалуйста,

_____.

Задание 23. Ответьте на вопросы, используя прилагательные и наречия в сравнительной степени. Пользуйтесь данной выше таблицей.
Answer the questions using the comparative forms of an adjectives or adverbs which make the most sense. Use the table which is giving above.

1. Как изменится ваш кругозор (your outlook), если вы будете много читать, путешествовать, общаться с разными людьми?

_____

2. Почему вы многое покупаете через Интернет, а не в фирменных магазинах?

_____

Прилагательные и наречия Adjectives and Adverbs	Простая сравнительная степень The Simple Comparative -ЖЕ
бли́зкий — near бли́зко — nearly	бли́же — nearer
глубо́кий — deep глубоко́ — deeply	глубже — deeper
дорого́й — dear, expensive до́рого — dearly, expensively	доро́же — dearer, more expensive
молодо́й — young мо́лодо — young, youthful	моло́же — younger
ни́зкий — low ни́зко — lowly	ни́же — lower
плохо́й — bad пло́хо — badly	ху́же — worse
ре́дкий — rare ре́дко — rarely	ре́же — rarer
стро́гий — strict стро́го — strictly	стро́же — stricter
у́зкий — narrow у́зко — narrowly	у́же — narrower

Задание 24. Измените предложения по образцу.

Make substitutions according to the model.

Образец: Фильм (плохой), чем книга.

Фильм **хуже, чем книга.**

Фильм **хуже книги.**

1. Улица (узкая), чем проспект. _____

_____

2. Вино (дорогое), чем пиво. _____

_____

3. Суповая тарелка (глубокая), чем блюдце (saucer). _____

_____

4. Нет преподавателя (строгий), чем наш! _____

_____

5. Сын звонит родителям (редко), чем сестра. _____

_____

6. Стул (твёрдый), чем кресло. _____

_____

7. Кусты (низкие), чем деревья. _____

_____

Задание 25. Вставьте прилагательные и наречия в простой сравнительной степени.
Insert in the blanks the simple comparative of adjectives and adverbs.

1. Позже всех приходит тот, кто живёт (близко) _____ всех.

The one who arrives latest of all is the one who lives the closest.

2. Если актёр плохой, то аплодисменты делают его ещё (плохой) _____.

If an actor is bad, applause makes him even worse.

3. 🎭 Живи сегодня, завтра будет (дорого) _____.

Live today; it will be more expensive tomorrow.

4. 🎭 Чем здоровее климат в фирме, тем (редко) _____ болеют сотрудники.

The healthier the climate is in an office, the less often workers fall ill.

5. 🎭 — Мы слышали, что ты второй раз женился?
— Да, но меня беспокоит, что она намного (молодая) _____ меня.
— Вот об этом не беспокойся: с тобой она быстро постареет.

"We heard that you have gotten married for the second time?"
"Yes, but it worries me that she is a lot younger than I am."
"Don't worry about it! She will age fast with you."

Задание 26. Впишите в предложения подходящие по смыслу прилагательные и наречия в сравнительной степени. Пользуйтесь данной выше таблицей.
Insert in the blanks the comparative forms of adjectives and adverbs which make the most sense. Use the table which is giving above.

1. Раньше он часто встречался с друзьями, а после свадьбы видится с ними _____.

2. К сожалению, этот тест вы написали _____ , чем предыдущий.

3. Зеркало висит слишком высоко, оно должно висеть _____.

4. Пожилая дама сделала пластическую операцию и теперь выглядит намного _____.

5. Дети немного боялись отца, потому что он был _____ мамы.

Задание 27. Переведите на русский язык.
Translate into Russian.

1. Only poverty is worse than riches.

_____

2. This professor is severer.

_____

3. Worse than to live in loneliness may be only the desire to live in loneliness.

_____

4. The rarer the goods are, the more there are expensive.

_____

5. Mother and daughter become closer when the daughter becomes a mother.

_____

6. 🎭 Closest of all to the truth (истина) is the wife of a philosopher.

_____

7. 🎭 The only thing worse than a diet is conversations about it.

_____

8. 🎭 The pawns are closest of all to the king.

_____

9. 🎭 Since I ceased to be the director of a company, I began winning at tennis less frequently.

_____

Наречия в превосходной степени The Superlative of the Adverbs	Прилагательные в превосходной степени The Simple Absolute Superlative of Adjectives
бли́же всего / всех — nearer	ближа́йший — very near, nearest
глу́бже всего / всех — deeper	глубоча́йший — very deep, deepest
доро́же всего / всех — dearer, more expensive	са́мый дорого́й — most dear, expensive of all
моло́же всего / всех — younger	са́мый молодо́й — youngest, very young
ни́же всего / всех — lower	нижа́йший — very low, lowest
ху́же всего / всех — worse	ху́дший, наиху́дший — worst of all
ре́же всего / всех — rarer	редча́йший — very rare, rarest
стро́же всего / всех — stricter	строжа́йший — very strict, strictest
у́же всего / всех — narrower	са́мый у́зкий — narrowest, most narrow

Задание 28. Вставьте подходящие по смыслу прилагательные и наречия в превосходной степени. Пользуйтесь данной выше таблицей.

Insert in the blanks the absolute superlative of adjectives and adverbs which make the most sense. Use the table which is giving above.

1. Миллиардер покупает _____ автомобили в мире.
2. Кто из ваших друзей путешествует _____ ?
3. В нашей семье бабушка _____ ростом?
4. Какое место реки _____ ?
5. На теплоходе во время шторма ребёнок чувствовал себя _____ .
6. Где здесь находится _____ станция метро?
7. Какая улица в этом старом городе _____ ?

Прилагательные и наречия Adjectives and Adverbs	Простая сравнительная степень The Simple Comparative -ЧЕ
бога́тый — rich бога́то — richly	бога́че — richer
гро́мкий — loud гро́мко — loudly	гро́мче — louder
коро́ткий — short ко́ротко — shortly	коро́че — shorter
кре́пкий — strong, firm, vigorous кре́пко — strongly, firmly, vigorously	кре́пче — stronger, firmer, more vigorously
лёгкий — easy легко́ — easily	ле́гче — easier
я́ркий — bright я́рко — brightly	я́рче — brighter

Задание 29. Вставьте прилагательные и наречия в простой сравнительной степени.
Insert in the blanks the simple comparative form of an adjective or adverb.

1. Огонь любви горит (ярко) _____, если подбрасывать в него деньги.

The fire of love grows brighter if you throw money into it.

2. Душа общества — это гость, который говорит (громко) _____ и дольше, чем радиостанция.

The spirit of society is the guest who talks louder and longer than a radio station.

3. (Богатый) _____ всего тот человек, чьи радости меньше всего требуют денег.

Richest of all is that person whose joys demand the least of all money.

4. Если бы язык жены был (короткий) _____, то жизнь мужа была бы длиннее.

If a wife's tongue were shorter, her husband's life would be longer.

5. Заткнуть рот (легко) _____ всего пирогом.

Shutting someone's mouth is easiest of all with a pie.

6. Чем (богатые) _____ ваши друзья, тем дороже это для вас.

The richer your friends are, the more expensive it is for you.

Задание 30. Измените предложения по образцу.
Make substitutions according to the model.

Образец: Кофе (крепкий), чем чай.
Кофе **крепче**, чем чай.
Кофе **крепче чая**.

1. Эта сумка (легкая), чем чемодан. _____

2. Юбка (короткая), чем платье. _____

3. Солнце (яркое), чем луна. _____

_____

4. Мы (богатые), чем соседи. _____

_____

5. Диван (мягкий), чем кровать. _____

_____

Задание 31. Впишите в предложения подходящие по смыслу прилагательные и наречия в сравнительной степени. Пользуйтесь данной выше таблицей.

Insert in the blanks the comparative forms of adjectives and adverbs which make the most sense. Use the table which is giving above.

1. Днём солнце светит _____ , чем вечером.
2. Мне труднее говорить по-русски, а делать упражнения _____.
3. Они всегда жили бедно и делали всё, чтобы стать _____.
4. Рассказ слишком длинный. Надо сделать его _____.
5. Наш дедушка плохо слышит, поэтому говорите _____.

Задание 32. Переведите на русский язык.
Translate into Russian.

1. The more difficult work is the easier it is to find it.

_____

2. Actions speak louder than words.

_____

3. Our friendship became stronger.

_____

4. To frighten someone is easier than to make him laugh.

_____

5. I am praying not the burden be lighter, but my shoulders be stronger.

_____

6. This is easier said than done.

_____

7. If you have questions, ask something easier.

_____

8. The best way to meet new neighbors is to turn on your TV as loudly and as late as possible.

_____

9. In old age, the memory becomes shorter and shorter and reminiscences become longer and longer.

_____

10. It is easier for a man to understand a women if he is not married to her.

_____

11. In a kindergarten, the teacher asked the children:
"Who is smarter: people or animals?"
"Animals!" shouted Denis, loudest of all.
"Why do you think that?" the teacher was surprised.
"When I tell my dog to do something, it understands me. But when it says something to me, I don't understand anything at all."

_____

_____

Наречия в превосходной степени The Superlative of adverbs	Прилагательные в превосходной степени The Simple Absolute Superlative of Adjectives
бога́че всего / всех — richer	богате́йший — very rich, richest
гро́мче всего / всех — louder	са́мый гро́мкий — loudest of all
коро́че всего / всех — shorter	кратча́йший — very short, shortest
кре́пче всего / всех — stronger, firmer, more vigorously	крепча́йший — strongest, firmest, most vigorous
ле́гче всего / всех — easier	легча́йший — very easy, easiest
я́рче всего / всех — brighter	ярча́йший — very bright, brightest

Задание 33. Вставьте подходящие по смыслу прилагательные и наречия в превосходной степени. Пользуйтесь данной выше таблицей.

Insert in the blanks the absolute superlative of adjectives and adverbs which make the most sense. Use the table which is giving above.

1. По утрам её муж пьёт _____ кофе.
2. Я покажу тебе _____ дорогу на озеро.
3. Картина написана _____ красками.
4. Юрист объяснил нам, как можно _____ решить эту проблему.
5. Его интересуют только деньги, потому что он мечтает быть _____.
6. Болельщики нашей футбольной команды кричали _____.

Прилагательные и наречия Adjectives and Adverbs	Простая сравнительная степень The Simple Comparative -ШЕ
большо́й — big	бо́льше — bigger
высо́кий — high высоко́ — highly	вы́ше — higher
далёкий — far далеко́ — far away	да́льше — farther
до́лгий — long до́лго — for a long time	до́льше — longer
ма́ленький — small ма́ло — little, not enough, not much, not many	ме́ньший — lesser
ме́ньше — smaller, less мла́дший — younger, junior	мла́дше — younger
мно́го — many, much	бо́льше — bigger
ра́нний — early ра́но — early	ра́ньше — earlier
ста́рший — older, senior	ста́рше — older
ти́хий — quiet ти́хо — quietly	ти́ше — quieter

Прилагательные и наречия Adjectives and Adverbs	Простая сравнительная степень The Simple Comparative
тóнкий — thin тóнко — thinly	тóньше — thinner
хорóший — good хорошó — well	лýчше — better

Задание 34. Вставьте прилагательные и наречия в простой сравнительной степени. Insert in the blanks the simple comparative of adjectives and adverbs.

1. Чем (много) _____ опыта, тем (мало) _____ хочется к нему возвращаться.

   The more experience one has, the less one wants to return to it.

2. Чем (долго) _____ мужчина ищет свой идеал женщины, тем (быстро) _____ он женится на идеале другого.

   The longer a man seeks the ideal woman, the faster he marries the ideal of another.

3. Даже самый скромный человек думает о себе (хорошо) _____, чем думает о нём его лучший друг.

   Even the most modest person thinks better of himself than his best friend thinks of him.

4. Чем (старый) _____ человек, тем (дорогие) _____ его игрушки.

   The older a person is, the more expensive his toys are.

5. Если сначала думать, а потом говорить, то другой успеет рассказать свой анекдот (рано) _____.

   If one thinks and then speaks, another will succeed in telling his anecdote first.

6. Самое дорогое — это жизнь, и чем (далеко) _____, тем (дорого) _____.

   The most dear thing is life, and the longer the dearer.

7. Секретарь отличается от личного секретаря тем, что второй знает (много) _____, а говорит (мало) _____.

   A secretary differs from a personal secretary in that the latter knows more but says less.

8. Джентльмен любит, когда у него просят в долг большую сумму: чем (много) _____ просят, тем (легко) _____ отказать.

   A gentleman likes it when he is asked for a large loan; the more he is asked for, the easier it is to refuse.

9. Если бы звери умели читать, баснописцев было бы (мало) _____.

   If wild animals knew how to read, there would be fewer writers of fables.

10. Будущее всегда (хорошо) _____, но не всегда для нас.

    The future is always better, but not always for us.

11. Чем (далеко) _____ от нас родственники, тем (сильно) _____ мы их любим.

    The farther away from us our relatives are, the stronger we love them.

12. Не опускайтесь до высокомерия! Будьте (высоко) _____ этого!

    Don't lower yourself to haughtiness! Be taller than it!

Задание 35. **Измените предложения по образцу.**
Make substitutions according to the model.

Образец: Скрипка (тихая), чем барабан.
Скрипка **тише**, чем барабан.
Скрипка **тише барабана**.

1. Сын (высокий), чем отец. _____
_____

2. Её зарплата (маленькая), чем твоя. _____
_____

3. Рюкзак (большой), чем эта сумка. _____
_____

4. Твои пальцы (тонкие), чем мои. _____
_____

Задание 36. **Переведите на русский язык.**
Translate into Russian.

1. I have so much more to do today that it would be better if I just go to bed!
_____

2. The captain knows everything, but rats know more.
_____

3. The worse someone's vision is, the fewer illusions he has.
_____

4. There is no better deodorant than success.
_____

5. The greatest mirages are in the desert of the mind.
_____

6. Many writers are better than their books.
_____

7. Ask for more than they will give.
_____

8. I was young and foolish then; now, I am older and more foolish.
_____

9. Only the first month after the divorce may be better than the honeymoon.
_____

10. The best thing about men's clothing is women.
_____

11. The larger the government is in the economy, the smaller the economy is in the government.
_____

12. Two little boys are talking:
"How old is your little brother?"
"One year."
"That's strange! My puppy is also a year old, but he walks a lot better than your brother."
"There's nothing strange about that! Your puppy has two more legs."
_____
_____

13. Two heads are better than one when there is something in both of them.
_____

Задание 37. Вставьте прилагательные и наречия в простой сравнительной степени.
Insert in the blanks the simple comparative of adjectives and adverbs.

1. «Совет» по хранению бекона: «Бекон нашей фирмы будет храниться в холодильнике (долго) _____, если вы не сожрёте его в первый же день!»

   "Advice" on how to keep bacon, "Our bacon will last longer in the refrigerator if you do not gobble it all on the very first day".

2. Хочешь старости долгой, стань старым (рано) _____!

   If you want a long old age become old earlier!

3. Чем человек ленивее, тем (много) _____ его труд напоминает подвиг.

   The lazier a person is, the more his work is reminiscent of a great feat.

4. Чем (старший) _____ становишься, тем (трудно) _____ добежать до двери, в которую постучала удача.

   The older one becomes, the more difficult it is to run to the door upon which good fortune has knocked.

5. Говорящий попугай будет жить (долго) _____, если он будет больше молчать.

   A talking parrot will live longer if it would be quiet more ofter.

6. Чем медленнее работаешь, тем (мало) _____ ошибок успеваешь сделать.

   The slower one works, the less time one has to make mistakes.

7. Дни рождения — вещь очень полезная. Чем (много) _____ их у человека, тем (долго) _____ он живёт.

   Birthdays are a very useful thing. The more a person has, the longer he lives.

8. Улыбка — самый недорогой способ выглядеть (хорошо) _____.

   A smile is the very least expensive method of looking better.

9. Чтобы сделать что-нибудь хорошо, нужно (мало) _____ времени, чем на объяснение, почему получилось так плохо.

   In order to do something well, less time is needed than to explain why it turned out so badly.

10. С годами жена всё (долго) _____ красится, а муж всё (быстро) _____ причёсывается.

    With years, the wife takes longer and longer to put on her make-up, and the husband combs his hair more and more quickly.

Задание 38. Переведите на русский язык.
Translate into Russian.

1. Fingers were made before forks.

   _____

2. Beer from the barrel is better tasting than from a can, but you have to drink it longer.

   _____

3. The longer the arms are of a fisherman, the less one may believe his stories.

   _____

4. The barman understands me better than my wife.

   _____

5. The methods and chances of losing money are much greater than winning it.

   _____

6. The more freedom of speech, the less freedom of action.

   _____

7. Do not hide your age, or else people will think that you are older than you really are.

_____

8. The larger clothing I wear, the better I look.

_____

9. An egoist is a person who loves himself more than other egoists.

_____

10. A secretary differs from a personal secretary in that the latter knows more, but says less.

_____

11. It's better to be safe than sorry.

_____

12. Give your tongue more holiday than your hands and eyes.

_____

Задание 39. Впишите в предложения подходящие по смыслу прилагательные и наречия в сравнительной степени. Пользуйтесь данной выше таблицей.
Insert in the blanks the comparative of adjectives and adverbs which make the most sense. Use the table which is giving above.

1. Сегодня я встал слишком поздно, мне надо вставать _____.
2. Не разбудите детей, говорите, пожалуйста, _____.
3. Ты мало занимаешься, надо заниматься _____.
4. Врач сказал, что я слишком много ем, мне надо есть _____.
5. Как профессионал он знает это _____ нас.
6. Сегодня я долго занимался русским языком, _____ , чем обычно.
7. Я — школьник, а моя сестра — студентка, она на 5 лет _____ меня.
8. Что _____: любить или быть любимым?

Задание 40. Переведите на русский язык.
Translate into Russian.

1. Better an egg today than a hen tomorrow.

_____

2. Better late then never.

_____

3. The summit is always farther away than it seems.

_____

4. The more you say, the less people will remember.

_____

5. 🎭 There are more talkative people than intelligent ones.

_____

6. 🎭 The more needed a person is, the better and better he becomes.

_____

7. 🎭 A mink coat is necessary most of all for the mink.

_____

8. 🎭 The more you love all people, the less you have for each individual.

_____

9. 🎭 If after the wedding men behaved just as before, there would be fewer divorces but more bankruptcies.

_____

Наречия в превосходной степени The Superlative of the Adverbs	Прилагательные в превосходной степени The Simple Absolute Superlative of Adjectives
бóльше всего / всех — bigger	наибóльший — biggest, greatest of all
вы́ше всего / всех — higher	высочáйший — very high, highest
дáльше всего / всех — farther	дальнéйший — very far, farthest
дóльше всего / всех — longer	сáмый дóлгий — longest (in a sense of time)
лу́чше всего / всех — better	лу́чший наилу́чший — the best
мéньше всего / всех — smaller, less	наимéньший — youngest of all
бóльше всего / всех	наибóльший — biggest of all
рáньше всего / всех — earlier	сáмый рáнний — earliest
ти́ше всего / всех — quieter	тишáйший — very quiet, quietest
тóньше всего / всех — thinner	тончáйший — very thin, thinnest

Задание 41. Вставьте подходящие по смыслу прилагательные и наречия в превосходной степени. Пользуйтесь данной выше таблицей.

Insert in the blanks the absolute superlative of adjectives and adverbs which make the most sense. Use the table which is giving above.

1. Мы посетили _____ крепость, которая была построена много веков назад.
2. Какие цветы ты любишь _____ ?
3. На работу коллега приходит всегда _____.
4. На тарелке лежали _____ ломтики дорогого сыра.
5. Спортсмен выступил на Олимпиаде _____ и получил золотую медаль.
6. Когда семья собирается пойти в театр, жена всегда одевается _____.
7. Наш спортсмен прыгнул в длину _____.
8. Альпинисты смогли подняться на _____ гору.

Прилагательные и наречия Adjectives and Adverbs	Простая сравнительная степень The Simple Comparative -ЩЕ
густо́й — thick гу́сто — thickly	гу́ще — thicker
просто́й — simple про́сто — simply	про́ще — simpler
сла́дкий — sweet сла́дко — sweetly	сла́ще — sweeter
то́лстый — thick, fat, stout	то́лще — stouter, fatter, more stout
ча́стый — frequent ча́сто — many times, frequently, often	ча́ще — more often, more frequently
чи́стый — clean чи́сто — in a clean manner	чи́ще — cleaner

Задание 42. Переведите на русский язык.
Translate into Russian.

1. The shortest answer is doing the thing.

_____

2. Work is the best well-known cure for worry.

_____

3. Understanding is the shortest distance between two points of view.

_____

4. A good wife and health are a man's best wealth.

_____

5. The shortest way not to fail is to be determined to succeed.

_____

Задание 43. Вставьте прилагательные и наречия в простой сравнительной степени.
Insert in the blanks the simple comparative form of adjectives and adverbs.

1. Яблоки по другую сторону забора всегда (сладкие) _____.

   The apples on the other side of the wall are the sweetest.

2. Современные мужчины женятся позже, но (часто) _____.

   Contemporary men marry later, but more often.

3. Если вы потрёте волшебную лампу, она станет (чистая) _____.

   If you rub a magic lamp, it will get cleaner.

4. «Будь (простой) _____!», сказал цветной карандаш простому.

   "Be simpler!" said the colored pencil to the simple one.

Задание 44. Измените предложения по образцу.
Make substitutions according to the model.

Образец: Каша (густая), чем суп.
Каша **гуще**, чем суп.
Каша **гуще супа**.

1. Автобус ходит (часто), чем трамвай. _____
_____

2. Словарь (толстый), чем другие книги. _____
_____

3. Текст (простое), чем задание. _____
_____

4. Его брюки (чистые), чем носки. _____
_____

5. Торт (сладкий), чем яблоки. _____
_____

Наречия в превосходной степени The Superlative of Adverbs	Прилагательные в превосходной степени The Simple Absolute Superlative of Adjectives
прóще всего / всех — simpler	простéйший — very simple, simplest
слáще всего / всех — sweeter	сладчáйший — very sweet, sweetest
тóлще всего / всех — stouter, fatter, more stout	толстéйший — very stout, stoutest, fattest
чáще всего / всех — more often, more frequently	сáмый чáстый — most often, most frequently
чúще всего / всех — cleaner	чистéйший — very clean, cleanest

Задание 45. Вставьте подходящие по смыслу прилагательные и наречия в превосходной степени.
Пользуйтесь данной выше таблицей.
Insert in the blanks the absolute superlative of adjectives and adverbs which make the most sense. Use the table which is giving above.

1. Летом дети _____ отдыхают у бабушки в деревне.
2. Он положил в чашку 6 ложек сахара и стал пить этот _____ чай.
3. Чтобы не делать ошибок, _____ ничего не делать.
4. Медсестра вынула из шкафа бутылочку с _____ спиртом.
5. Мне не нужен этот _____ словарь, потому что я пользуюсь электронным.

ПОВТОРЕНИЕ ВСЕХ СТЕПЕНЕЙ СРАВНЕНИЯ ПРИЛАГАТЕЛЬНЫХ
REVIEW OF ALL ADJECTIVES' AND ADVERBS' DEGREES OF COMPARISON

Задание 46. **Вставьте прилагательные и наречия в простой сравнительной степени.**
Insert in the blanks the simple comparative of adjectives and adverbs.

1. Что не убивает меня, то делает меня (сильный) _____.

   What doesn't kill me makes me stronger.

2. Чем (серьёзное) _____ лицо, тем (прекрасная) _____ улыбка.

   The more serious the face is, the more beautiful the smile is.

3. 🎭 Знакомых мы (легко) _____ узнаём на карикатуре, чем на фотографии.

   It is easier for us to identify acquaintances in a cartoon than in a photo.

4. 🎭 Бедные думают, что их богатые родственники живут (долго) _____.

   The poor think that their wealthy relatives live longer.

5. 🎭 Объявление: «Ищу хорошую работу. (Далеко) _____ 100 метров не предлагать!»

   Announcement: "Seeking ideal work. Don't ask me to go more than 100 meters!"

6. 🎭 Ты молчишь (хорошо) _____, чем говоришь.

   You are better at remaining silent than at talking.

7. 🎭 В ресторане я всегда прошу столик (близко) _____ к официанту.

   In a restaurant, I always request a table closer to the waiter.

8. 🎭 Я любил бы утро ещё больше, если бы оно начиналось (поздно) _____.

   I would love the morning still more if only it would begin later.

9. 🎭 Остановить мгновение (просто) _____, чем себя.

   To stop the instant is easier than stopping oneself.

Задание 47. **Переведите на русский язык.** 🎭
Translate into Russian.

1. An angry person is more dangerous than anger itself.

   _____

2. Cosmetics help one to look younger in old age and older in youth.

   _____

3. It is easiest of all to forgive your own unfaithfulness.

   _____

4. Shut up! I'm older and cleverer than you.

   _____

5. Parrots and turtles live longer than people; people live longer than dogs, and dogs live longer than love.

   _____

6. There are more good people than their good deeds.

   _____

7. Anger comes to us often, but more often we come to it.

   _____

8. Every man is his own worst enemy.

   _____

9. The ringing of your alarm clock means that the best part of the day is already behind.

   _____

10. A philosopher decided to get married. He chose as his wife the one of two ladies who was the shortest. He said to his friends, "Don't be surprised! I chose the lesser of the two evils!"

_____

11. A day to come is longer than a year that's past.

_____

12. Wolves and our boss are most dangerous when they are hungry.

_____

13. Two dogs:
— My fleas jump fastest and highest of all.
— You are the happiest dog in the world.
— I am the smartest dog among my friends!
— O! It is such unexpected news that I don't know what to say.

_____

_____

_____

_____

14. Always laugh when you can; it's the most cheap medicine.

Задание 48. **Переведите на русский язык.**
Translate into Russian.

1. The earlier I get up, the more I manage to do.

_____

2. You spend more than you earn.

_____

3. He is taller than his father.

_____

4. I work ten times as much as you do!

_____

5. This way in twice as long as that one.

_____

Задание 49. **Вставьте прилагательные и наречия в простой сравнительной степени.**
Insert in the blanks the simple comparative form of an adjective or adverb.

1. Муж говорит жене, которая хочет сделать пластическую операцию, чтобы выглядеть (молодой) _____: «Только помни, что между тобой и дочерью должно быть не (мало) _____ девяти месяцев разницы!»

2. Полезный совет. Если у вас сломался стул, то пока муж не починил его, (быстро) _____ купите новый. Это для семьи будет (дёшево) _____!

3. Пить у друга воду бывает (сладко) _____ меда.

3.2. УПОТРЕБЛЕНИЕ КРАТКИХ ПРИЛАГАТЕЛЬНЫХ
THE USE OF SHORT FORMS OF ADJECTIVES

ПРИЛАГАТЕЛЬНЫЕ	
ПОЛНЫЕ *(какой? какая? какое? какие?)* Я купил красивые **узкие** брюки. I have bought nice tight-fitting trousers.	КРАТКИЕ *(кому? как?)* Эти брюки (были, будут) **мне узки**. These trousers are (was, will be) too tight for me.
великий великая великое великие	велик велика велико велики
длинный длинная длинное длинные	длинен длинна длинно длинны
короткий короткая короткое короткие	короток коротка коротко коротки
маленький маленькая маленькое маленькие	мал мала мало малы
свободный свободная свободное свободные	свободен свободна свободно свободны
узкий узкая узкое узкие	узок узка узко узки
широкий широкая широкое широкие	широк широка широко широки

Задание 50. Составьте из данных слов предложения, используя краткие прилагательные.
From the given words compose sentences using short form of adjectives.

Образец: Пальто, девочка, великое. →
(*что? кому? как?*) **Пальто девочке велико.**

1. Брюки, я, длинные. _____
2. Пиджак, муж, узкий. _____
3. Эта рубашка, ты, маленькая. _____
4. Платье, дочь, широкое. _____
5. Туфли, мать, великие. _____
6. Футболки, дети, короткие. _____

Задание 51. Переведите на русский язык.
Translate into Russian.

1. These black shoes are a little large for me. _____
2. This nice dress is too small for my daughter. _____
3. This hat will be too big for our boss. _____

Задание 52. Составьте предложения с полными и краткими прилагательными. Пользуйтесь данной выше таблицей.
Compose sentences with long form and short form of adjectives. Use the table which is giving above.

Образец: Я хотел купить ..., но ...
Я хотел купить **модный костюм, но он был мне велик.**

1. Подруга подарила сестре ..., но ...
_____

2. Тётя купила своему мужу ..., но ...
_____

3. Брат хотел надеть мои ..., но ...
_____

4. Друг померил ..., но ...
_____

богат (-а, -ы) rich in	чем?	Русский язык богат пословицами. The Russian language is rich in proverbs.
благодарен благодарна благодарны grateful to	кому? за что?	Мы очень благодарны вам за помощь. We are most grateful to you for helping us.
готов (-а, -ы) ready for, ready to	к чему? на что?	Вы готовы? Are you ready? Ради неё он готов на любые жертвы. He's ready to sacrifice anything for her.

довóлен довóльна довóльны to be satisfied with недовóлен to be dissatisfied with	чем? кем?	Я доволен результатами экзаменов. I'm satisfied with the results of the exams. Друг недоволен своей новой квартирой. My friend dissatisfied with his new apartment.
знакóм (-а, -ы) to know well	кому? с кем?	Мы знакомы с твоей сестрой. We know your sister very well.
извéстен извéстна извéстны known	кому?	Это скоро стало известно всем. This was soon known to everyone.
пóлон полнá полны́ full	чего?	Зал был полон народа. The hall was full of people.
похóж (-а, -и) like	на кого?	Вы похожи на своего отца. You are a lot like your father.
сердúт (-а, -ы) angry	на кого?	Я очень сердит(а) на тебя (на вас). I'm very angry at you.
соглáсен соглáсна соглáсны agree with agree to	с кем? с чем?	Я не согласен (не согласна) с тобой (с вами). I don't agree with you. Мы согласны на ваши условия. We agree to your conditions.
увéрен (-а, -ы) to be sure of	в чём?	Она уверена в нём. She is sure of him.

Задание 53. **Вставьте подходящие по смыслу краткие прилагательные.**

Пользуйтесь данной выше таблицей.

Insert in the blanks short form of adjectives which make the most sense.

Use the table which is giving above.

1. Преподаватель _____ работой студентов.
2. Ты _____ к экзамену?
3. Друг не пошёл со мной на дискотеку, потому что _____ на меня.
4. Я _____ вам за хороший совет.
5. Космонавт Ю. Гагарин _____ во всём мире.
6. Команда _____ в своей победе.
7. Родители ещё пока не _____ с моей новой подругой.
8. Чем _____ ваша страна?
9. Жизнь _____ трудностей и сюрпризов.

Задание 54. Замените данные предложения близкими по смыслу, используя краткие прилагательные. Пользуйтесь данной выше таблицей.

Replace the sentences using short form of adjectives which are similar in meaning. Use the table which is giving above.

Образец: Этот музей **знают** во всём мире. → Этот музей **известен** во всём мире.

1. Я **благодарю** вас за всё. _____

2. Он **не сомневается**, что всё сделал правильно. _____

3. **Отцу нравится** новая работа. _____

4. **Все знают** это место. _____

5. Бумажник **был наполнен** деньгами. _____

6. Ты всё ещё **сердишься** на меня? _____

Задание 55. Переведите на русский язык.

Translate into Russian.

1. My conscience is clean.

   _____

2. Are you ready for the exams?

   _____

3. The soul, it is said, is immortal.

   _____

4. You are free.

   _____

бо́лен (больна́, больны́)	Актёр серьёзно болен и, к сожалению, не может сниматься в фильме.
ве́сел (-а́, -ы́)	После потери жены он редко бывал весел.
го́лоден (голодна́, го́лодны)	Кошка голодна, поэтому мяукает.
здоро́в (-а, -ы)	Мои бабушка и дедушка живы и здоровы.
споко́ен (споко́йна, споко́йны)	Несмотря на шторм, капитан был спокоен.
сча́стлив (-а, -ы)	Вы счастливы?
рад (ра́да, ра́ды)	Я всегда рада видеть вас.

Задание 56. Вставьте подходящие по смыслу краткие прилагательные. Пользуйтесь данной выше таблицей.

Insert in the blanks short form of adjectives which make the most sense. Use the table which is giving above.

1. Я с утра ничего не ел и сейчас _____ как волк.

2. Подруга вышла замуж и очень _____.

3. Коллега не сможет поехать в командировку, потому что серьёзно _____.

4. Наш шутник сейчас не _____ из-за проблем в личной жизни.

5. Мать никогда не бывает _____, если дети приходят домой поздно.

6. Дети будут очень _____ получить такие замечательные подарки.

Сравните — Compare!	
Какие красивые цветы!	**Как** красивы эти цветы!
Ночь **такая** тёплая и тихая!	Ночь **так** тепла и тиха!

Задание 57. Подчеркните нужную форму прилагательного.
Underline the correct form of adjective.

1. Актёр был так (гордый / горд) своим успехом!

2. Какое (вкусное / вкусно) мороженое!

3. Ты так (талантливая / талантлива)!

4. Как (красивый / красив) этот город!

5. Чай такой (горячий / горяч), что его невозможно пить!

6. Её друг так (смешной / смешон), когда с важным видом говорит всякие глупости!

7. Этот фильм такой (скучный / скучен)!

8. Почему она так (грубая / груба) с коллегами?

9. Это упражнение такое (трудное / трудно)!

10. Мы так (счастливые / счастливы)!

Задание 58. Ответьте на вопросы. Используйте в ответах краткие прилагательные.
Answer the questions. Use the short form of adjectives.

1. Что вы думаете о жизни?

_____

2. Почему проектировщики не сдали сегодня директору свой проект?

_____

3. Почему коллега уже неделю не ходит на работу?

_____

4. Когда человек добивается успеха в делах?

_____

5. Как реагировал ваш друг, когда выиграла его любимая футбольная команда?

_____

6. Что вы почувствуете, если результат экзамена будет хуже, чем вы ожидали?

_____

7. Почему джинсы, которые вам подарили, носит ваш брат?

_____

4 ВЫРАЖЕНИЕ ВРЕМЕНИ
TIME EXPRESSIONS

4.1. КОНСТРУКЦИИ ВРЕМЕНИ В ИМЕНИТЕЛЬНОМ ПАДЕЖЕ
TIME CONSTRUCTIONS IN THE NOMINATIVE CASE

Именительный падеж	The Nominative Case
— Сколько сейчас времени? — Уже **восемь** часов утра. Пора начинать делать глупости!	"What time is it now?" "Already 8:00 in the morning. It is time to begin doing stupidities!"
Жена спрашивает мужа: — Хотела бы я знать, где ты был вчера весь день? — А какой сейчас **месяц**? — **Июнь**. — Так, хорошо. А какое **число** было вчера? — Вчера было **тринадцатое**. И если тебя это интересует, то вчера была **пятница**. Так где ты был, я тебя спрашиваю?! — Ну вот! Всё правильно: вчера была **пятница**, **тринадцатое число**, вчера в баре я весь день помогал другу избавиться от этого стресса.	A wife asks her husband: "I would like to know where you were yesterday all day." "And what month is it now?" "June." "OK, good! And what date was it yesterday?" "Yesterday was the 13th. And if this interests you, yesterday was Friday. Where were you, so? I'm asking you!" "There you go! Everything is correct: yesterday was Friday, the 13th. Yesterday, I was in a bar all day helping my friend rid himself of this stress."

Задание 1. **Ответьте на вопросы.**
Answer the questions.

Скажите, пожалуйста,
— сколько сейчас времени? _____
— какой сегодня день? _____
— какой сейчас месяц? _____
— какой сейчас год? _____
— какое сейчас время года (= какой сезон)? _____

Задание 2. **Ответьте на вопросы.**
Answer the questions.

Как вы думаете,
— какой день недели вам больше подходит для поездки за город?
   What day of the week suits you better for a trip out of town?

_____

— какой год был особенно удачным для вас?
   What year was especially successful for you?

_____

— какое время года вас радует больше всего?
   What season of the year makes you happiest of all?

_____

— какое время суток более романтично для свиданий?
   What time of day is more romantic for meetings?

_____

— сколько времени прошло после вашей последней вечеринки?
   How much time has passed since your last party?

_____

4.2. КОНСТРУКЦИИ ВРЕМЕНИ В РОДИТЕЛЬНОМ ПАДЕЖЕ БЕЗ ПРЕДЛОГА TIME CONSTRUCTIONS IN THE GENITIVE CASE WITHOUT A PREPOSITION

Родительный падеж без предлога *Когда?*	The Genitive Case without a preposition *When?*
1. Число + месяц	
Если надо указать дату, когда происходило, происходит или произойдёт действие, число и месяц употребляются в родительном падеже без предлога.	*If it is necessary to indicate a date when an action occurred, is occurring or will occur, the day of the month and the month are expressed in the genitive case without a preposition.*
Он приехал в Россию (17.08) **семнадцатого августа**.	He came to Russia on the 17th of August.
Что вы делали (25.12) двадцать **пятого декабря**?	What were you doing on December 25th?
Концерт состоится (20.09) **двадцатого сентября**.	The concert is on September 20th.
(31.05.) Тридцать **первого мая** будет первый экзамен.	The first exam is on May 31st.
2. Число + месяц + год	
*Если надо указать дату, когда происходило, происходит или произойдёт действие, то число, месяц и год (**только та часть, которая выражена порядковым числительным**) употребляются в родительном падеже без предлога.*	*If it is necessary to indicate a date when an action occurred, is occurring or will occur, the day of the month and year (**only that part which is expressed as an ordinal number**) are placed into the genitive case without a preposition.* *Note that Russian first expresses the day of the month, followed by the month, followed by the year (The 16th day of September in the year 1999=Russian: 16.09.99 versus English 9/16/99)*
Мой брат родился (28.01.63) двадцать **восьмого января** тысяча девятьсот шестьдесят **третьего года**.	My brother was born on January 28, 1963 (Be sure that you are able to decline the irregular ordinal: 3rd. This is a favorite choice for compilers of grammar tests!)

Задание 3. Закончите предложения. Запишите даты в скобках словами в правильной падежной форме.

Finish the sentences. Convert the dates in parentheses into words in the correct case form.

1. Учебный год в России начинается (1.09) _____.

2. Католическое Рождество празднуют (25.12) _____, а православное — (7.01) _____.

3. Они поженились (31.11.2000) _____

_____.

4. Юрий Гагарин полетел в космос (12.04.1961) _____

_____.

Задание 4. Ответьте на вопросы.

Answer the questions.

1. Когда вы родились?

When were you born?

_____

2. Когда родились ваши близкие родственники (отец, мать, сестра, брат и т.д.)?

When were your close relatives (your father, mother, sister, brother, etc.) born?

_____

3. Когда произошли какие-нибудь важные события в вашей жизни?

What are some important events which have occurred during your lifetime?

_____

4. Когда и какие праздники вы отмечаете в вашей стране, кроме Рождества и Нового года?

When and which holidays do you celebrate in your country aside from Christmas and New Years?

_____

4.3. КОНСТРУКЦИИ ВРЕМЕНИ В РОДИТЕЛЬНОМ ПАДЕЖЕ С ПРЕДЛОГОМ TIME CONSTRUCTIONS IN THE GENITIVE CASE WITH A PREPOSITION

Родительный падеж с предлогом «с» С какого времени? / С каких пор?	The Genitive Case with the preposition «с» From what time? Since when?
с (раннего) утра	since (early) morning
с прошлого / со следующего / с нового /года	since last / next / the new / year
с сентября	since September
с момента (чего?)	since the moment (when)
со дня (чего?)	since a certain
со времени (чего?)	since the time (when)
с того времени, с тех пор, с той поры	since then, ever since
с этого (того) времени	since this (that) time
с этих пор, с тех пор	from now on, from then on
с давних пор	from the earliest times
с начала (чего?)	since the early (of something)
с середины 80-х годов	since the mid-1980s
с конца 90-х годов	since the end '90s
Врач принимает **с девяти часов**.	The doctor's office hours begin at 9:00 a.m.
Мы **с семи утра** ещё ничего не ели.	We haven't had anything to eat since 7:00 a.m.
Лекции начнутся **со среды**.	The lectures will begin from Wednesday on.
Они знакомы **со школьных лет**.	They have known each other since their school days.

Задание 5. Слова в скобках употребите в правильной падежной форме.
Put the words in parentheses into the correct case form.

1. Если жена хочет поговорить с вами, сделайте это сегодня, потому что с (завтрашний день) _____ _____ начинается футбольный сезон.

   If your wife wants to speak with you, do it today, because tomorrow football season begins.

2. Полицейский: «Я с (детство) _____ мечтал о такой профессии, когда мой клиент всегда не прав!»

   The policeman says, "Since childhood I have dreamed about a profession when my client is never right."

3. Обычно я начинаю новую жизнь с (понедельник) _____.

   Starting every Monday? I begin a new life. (Starting from Monday, I usually begin a new life.)

Задание 6. Закончите предложения, используя конструкции времени.
Finish the sentences using time constructions.

1. С _____ актриса начнёт сниматься в новой комедии.

2. Я знаю своего друга (подругу) с _____.

3. Муж готов съесть всё, так как с _____ не ел.

4. Директор сказал, что повысит всем зарплату с _____.

Задание 7. **Переведите на русский язык.**
Translate into Russian.

1. I fell in love with you at first sight.

_____

2. How long have you been studying Russian, since when?

_____

3. 😄 Since he lost all his money, half of his friends don't know him any more. The rest don't know that he lost all his money.

_____

_____

4. 😄 "Have you known this old woman long?"
"Oh, yes. I've known her ever since we were the same age."

_____

_____

5. 😄 Our guest has such an appetite; it's as if he hasn't eaten since last year.

_____

С тех пор как я окончил университет, прошло два года.	It's two years since I graduated from the University.
Он очень изменился **с тех пор**, как стал работать на телевидении.	He has changed a lot since he started to work in television.

Задание 8. **Закончите предложения.**
Finish the sentences.

1. Моя жизнь изменилась с тех пор, как _____.
2. С тех пор как брат купил компьютер, _____.
3. Друг больше не ездит на мотоцикле с тех пор, как _____.
4. С тех пор как подруга стала моделью, _____.
5. С тех пор как у него появились деньги, _____.

Родительный падеж с предлогом «до» *До какого времени?*	**The Genitive Case with the preposition «до»** **(till, until, to, up to, before)** *Until (till) what time? / Till when?*
Он занимался в библиотеке **до позднего вечера**.	He studied in the library until late in the evening.
У коллеги отпуск **до первого сентября**.	My colleague is on vacation until the first of September.
Я надеюсь закончить все дела **до пяти часов**.	I hope to finish everything that I have to do before 5:00.
До понедельника нам надо обязательно встретиться и всё обсудить.	We must get together and discuss everything before Monday.

Задание 9. **Раскройте скобки и грамматически правильно закончите предложения.**
Open the brackets and finish the sentences grammatically correctly.

1. Друзья разговаривали по скайпу до (полночь) _____.
2. Наши рынки в будни работают до (8 час.) _____,
   а в выходные — до (6 час.) вечера _____.
3. Сегодня я закончу все дела до (полдень) _____.

Задание 10. **Раскройте скобки и грамматически правильно закончите предложения.**
Open the brackets and finish the sentences grammatically correctly.

1. Вечеринка продолжалась до (утро) _____.
2. Обычно родители живут на даче до (поздняя осень) _____.
3. Дядя был футболистом и занимался спортом до (старость) _____.

Родительный падеж с предлогом «после»	The Genitive Case with the preposition «после» (after)
Мы вернулись домой уже **после полуночи**.	It was already past midnight when we got home.
Давай встретимся в любой день **после среды**!	Let's meet any day after Wednesday!
Приходите в любое время после девяти!	Come any time after nine!

Задание 11. **Ответьте на вопросы, используя конструкцию времени с предлогом «после».**
Answer the questions using time constructions with a preposition «после».

1. В какое время лучше не звонить вам, потому что вы в это время уже спите?
   _____

2. В какое время вы сегодня будете свободны?
   _____

3. Когда вы обычно встаёте в воскресенье?
   _____

4. Когда вы чаще всего возвращаетесь домой после вечеринки?
   _____

Задание 12. **Переведите словосочетания на русский язык и придумайте с ними предложения.**
Translate the following word combinations into Russian and compose sentences with them.

1. after 5 years of living in Britain — _____
_____

2. after one year of study — _____
_____

3. after two days of competitions — _____
_____

4. after a three-months' break (three month break) — _____
_____

Родительный падеж с предлогом «около»	The Genitive Case with the preposition «около» (about)
Мы работали над проектом **около двух лет**.	We worked on the project about two years.
Вчера он вернулся **около часа**.	Yesterday, he returned about 1 o'clock.

Задание 13. **Ответьте на вопросы, используя конструкции времени с предлогом «около».**
Answer the questions using time constructions with the preposition «около».

1. Сколько времени вы обычно тратите на Интернет?
   How much time do you usually spend on the Internet?

   _____

2. Как долго вы обычно разговариваете по телефону с другом (подругой)?
   How long do you usually talk on the phone with your friend (lady friend)?

   _____

3. Сколько времени у вас уходит на подготовку домашнего задания?
   How much time do you spend on preparing your homework?

   _____

4. Сколько времени вы тратите на дорогу в университет или на работу?
   How much time do you spend on the way to the university or home?

   _____

4.4. КОНСТРУКЦИИ ВРЕМЕНИ В ДАТЕЛЬНОМ ПАДЕЖЕ С ПРЕДЛОГОМ
TIME CONSTRUCTIONS IN THE DATIVE CASE WITH A PREPOSITION

Дательный падеж *К какому времени?*	The Dative Case *By what time?* (period)
Друг приедет **к Рождеству**.	My friend will arrive by Christmas.
Мы пригласили гостей **к пяти часам**.	We have invited our guests to arrive by 5:00.
Мне нужна виза **к двадцатому января**.	I must have the visa by January 20th.
К середине мая они закончат ремонт моста.	They will finish repairing the bridge by the middle of May.

Задание 14. **Закончите предложения, используя конструкции времени.**
Finish the sentences using time constructions.

1. Директор сказал, чтобы я написал отчёт (report) к _____.
2. Профессор обещал проверить тесты к _____.
3. Строители построят эту школу к _____.

Задание 15. **Переведите на русский язык.**
Translate into Russian.

1. We have to translate the documents by 4 o'clock.

_____

2. By what day do I have to finish doing all of this?

_____

3. As usual he overslept; therefore, he arrived at the university only by the second lecture.

_____

Дательный падеж с предлогом «по» + день недели во множественном числе *Когда? / Как часто?*	The Dative Case with the preposition «по» + day of the week in the plural *How often?*
По выходным дням я часто езжу за город.	On my free days I often to out of town.
По вторникам и пятницам подруга занимается в спортклубе.	My friend works out at the health club on Tuesdays and Fridays.
Дательный падеж с предлогом «по» + время суток во множественном числе	**The Dative Case with the preposition «по» + time of day in the plural**
по утрам	in the mornings
по вечерам	in the evenings

Задание 16. **Слова в скобках употребите в правильной падежной форме.**
Put the words in parentheses into the correct case form.

1. Многие мужчины считают, что быть женатым — это значит встречаться с женщиной по (утро) _____, а не по (вечер) _____.

Many men consider that to be married means to meet a women in the mornings and not in the evenings.

2. Жених:
— Почему вы не хотите, чтобы ваша дочь стала моей женой? Я не пью, не курю, по (ночи) _____ не гуляю!
Отец невесты:
— Я не хочу, чтобы жена и дочь всегда ставили мне вас в пример.

The fiancé:
"Why don't you want your daughter to become my wife? I don't drink, don't smoke, don't run around at night!"
Bride's father:
"I don't want my wife and daughter to always make an example out of you for me!"

3. Разговаривают два парня:
— Что ты делаешь по (вечера) _____?
— Вечера я провожу дома с женой.
— Вот это любовь! Я завидую тебе.
— Не завидуй! Это радикулит (= болит спина), а не любовь!

Two young fellows are talking:
"What do you do in the evenings?"
"I spend the evenings at home with my wife."
"That's true love! I envy you."
"Don't envy me! It's back trouble, not love!"

4. Серьёзнее всех относятся к теннису любители, которые играют по (воскресенья) _____.

Those who take tennis most seriously are the amateurs who play on Sundays.

5. Секрет нашего долголетнего брака заключается в том, что, несмотря на нашу занятость, мы с женой два раза в неделю ходим в ресторан: она ужинает по (четверги) _____, а я — по (пятницы) _____.

The secret of our many years of married life is consist of the fact that despite how busy we are, my wife and I to a restaurant twice a week go; she has dinner on Thursdays and I has dinner on Fridays.

Задание 17. **Придумайте конец предложения.**
Invent a proper ending for the sentences.

1. По ночам _____.
2. По праздникам _____.
3. По утрам _____.
4. По выходным _____.
5. По вечерам _____.
6. По средам _____.
7. По будням _____.

4.5. КОНСТРУКЦИИ ВРЕМЕНИ В ВИНИТЕЛЬНОМ ПАДЕЖЕ БЕЗ ПРЕДЛОГА TIME CONSTRUCTIONS IN THE ACCUSATIVE CASE WITHOUT A PREPOSITION

Винительный падеж без предлога *Сколько времени? / Как долго?*	The Accusative Case without a preposition *How long?*
Как правило, в конструкциях времени с винительным падежом без предлога употребляются глаголы несовершенного вида, которые обозначают процесс и не указывают на завершение действия, его результат.	*As a rule, imperfective verbs are used which signify process and do not point to the conclusion of an action nor to its result, in time constructions which employ the accusative case without a preposition.*
НВ В.п. Мы **ждали** тебя **двадцать** минут.	We waited for you 20 minutes.
В.п. НВ **Три** месяца я **переводил** его новый роман	I spent three months translating his new novel.
НВ В.п. Они **не виделись целую вечность**.	They haven't seen each other for ages!
В.п. НВ **Весь день шёл** дождь, поэтому мы никуда не ходили.	It rained all day long; therefore, we didn't go anywhere.
В.п. НВ **Все эти годы** писатель **жил** в этом доме.	All these years, the writer lived in this house.
🎭 Я могу **месяц питаться** одним хорошим комплиментом.	I made be nourished on one good compliment in the course of a month.

Винительный падеж без предлога *Сколько времени? / Как долго?*	The Accusative Case without a preposition *How long?*
Исключения: В конструкциях времени с винительным падежом без предлога могут употребляться глаголы **совершенного вида** с префиксами ПО- (кратковременное законченное действие) и ПРО- (относительно длительное действие, совершённое в определённый отрезок времени)	**Exceptions:** In time constructions which employ the accusative case without a preposition, perfective verbs with the prefix ПО- (indicate an action completed in a short period of time) and prefix ПРО- (indicates that the action is completed in a relatively long period of time) may be used.
СВ Из-за плохой погоды мы **погуляли** всего В.п. **полчаса**.	Because of bad weather, we just walked for half an hour.
СВ Погода была прекрасная, и мы **прогуляли** В.п. **весь день**.	The weather was wonderful and we spent the whole day walking around.
СВ В.п. Родители **прожили** в этом городе **всю жизнь**.	My parents lived their whole lives in this town.

Задание 18. Слова в скобках употребите в правильной падежной форме.
Put the words in parentheses into the correct case form.

1. Любовь к самому себе — это роман, который продолжается (вся жизнь) _____ .

   Love for oneself is a romance which continues one's entire life.

2. Оптимист говорит: «Мы отдыхали там (неделя) _____ . Дождь шёл только два раза: первый раз три дня, второй раз — четыре».

   An optimist says, "We vacationed there for a week. It rained only twice: the first time for three days, the second time for four days."

3. Жена жалуется мужу:
   — Я опять (вся ночь) _____ не спала: то ты храпел, то собака лаяла.
   — А ты бы хотела, чтобы я лаял, а собака храпела?

   A wife complains to her husband, "Again I couldn't sleep all night. First, you snored, then the dog barked."
   "So would you like me to bark and the dog to snore?"

Задание 19. Закончите предложения, используя конструкции времени.
Finish the sentences using time constructions.

1. Подожди меня, пожалуйста, _____ .
2. Друзья просидели в ресторане _____ .
3. О такой роли актриса мечтала _____ .
4. Вода в море была холодная, поэтому я поплавал всего _____ .

Задание 20. **Переведите на русский язык.**
Translate into Russian.

1. We spent all the month of August at the seaside.

_____

2. I worked all year without taking a vacation.

_____

3. 😊😊 Our neighbor will talk for a whole hour at our door, because he has no time to drop in to see us.

_____

4. 😊😊 A person needs two years to learn how to speak and a lot longer to learn how to keep quiet.

_____

Задание 21. **Ответьте на вопросы, используя слова из таблицы.**
Answer the questions using words from the table.

Как часто? — How often?			
каждый	**каждую**	**каждое**	**каждые**
год	осень	лето	**два** часа
месяц	зиму	утро	**две** недели
день	весну	воскресенье	**пять** минут
вечер	неделю		**шесть** месяцев
час	ночь		
понедельник	минуту		полгода
вторник	среду		выходные
четверг	пятницу		(every day off)
	субботу		

1. Как часто вы встречаетесь с друзьями?

_____

2. Как часто вы занимаетесь иностранным языком?

_____

3. Как часто вы слушаете музыку?

_____

4. Как часто спортсмен плавает?

_____

5. Как часто надо принимать это лекарство?

_____

6. Как часто друзья катаются на лыжах?

_____

4.6. КОНСТРУКЦИИ ВРЕМЕНИ В ВИНИТЕЛЬНОМ ПАДЕЖЕ С ПРЕДЛОГОМ TIME CONSTRUCTIONS IN THE ACCUSATIVE CASE WITH A PREPOSITION

Винительный падеж с предлогом «в» Когда?	The Accusative Case with the preposition «в» When?
в понедельник, во вторник и т.д. в выходные	on Monday, Tuesday, etc. days off
в это / то утро в этот / тот день в тот же (самый) день в один прекрасный день в этот / тот вечер в полночь в полдень	on this / that morning at this / that day on that same day one fine day on this / that evening at midnight at noon
в эту / ту минуту в этот / тот момент в это / то время в наше время в нужное время в свободное время в своё время в какое / чьё время? в какие годы (в 70-е, в 90-е гг.)? в эти / те годы; периоды в Средние века в эпоху	this / that minute at this / that moment; during this / that time in our time; nowadays at the necessary time in spare / free time in due time during what / whose time? during which years? during these years, periods of time during the Middle Ages in epoch

Задание 22. Ответьте на вопросы, используя конструкции времени с предлогом «в». Answer the questions using time constructions with the preposition «в».

1. Когда вам не надо рано вставать?

   _____

2. Когда вы опоздали на занятие?

   _____

3. Когда вы занимаетесь русским языком?

   _____

4. Когда жили рыцари (knights)?

   _____

5. Когда вы отдыхаете и гуляете?

   _____

Задание 23. **Переведите на русский язык.**
Translate into Russian.

1. What will you do next Friday?
   _____

2. Where were you last Sunday?
   _____

3. 😊 If you woke on Monday and your head does not hurt, this means that it is already Tuesday.
   _____

4. 😊 "Waiter, last Sunday the fish was fresher."
   " I assure you, Sir, that this is the very same fish."
   _____
   _____

Задание 24. **Вставьте в предложения подходящие по смыслу слова из таблицы.**
Insert into the sentences words from the table which are similar in meaning.

1. _____ я обычно рисую, слушаю музыку или гуляю.
2. К сожалению, музей _____ не работает.
3. Эта крепость очень старая, она была построена ещё _____.
4. Такая обувь была в моде _____.
5. _____ в стране был экономический кризис.

Задание 25. **Переведите на русский язык.**
Translate into Russian.

1. On Christmas day and New Year's Day, I was at my parents' house.
   _____

2. We left the house at midday.
   _____

3. Our city is especially beautiful at this time of the year.
   _____

4. Unnecessary people always turn up in the necessary place at the necessary time.
   _____

5. The summer romance began on the last day of summer.
   _____

6. The thoughts of the ruling class are the ruling thoughts in every epoch.
   _____

7. In order to find out the name of her future husband, a girl must waken at midnight, take the passport out of the jacket hanging on her chair and read the first line.
   _____
   _____

ЗАПОМНИТЕ!	MEMORIZE!
В	
в другой день Лучше устроить вечеринку не в эту пятницу, а в какой-нибудь другой день.	**on another day** It's better not to have a party this Friday but on some other day.
в первый день	**on the first day**
НА	
на другой день **на следующий день** На другой день после вечеринки мы долго убирали квартиру.	**(on) the next day** **(on) the following day, the next day** On the day after the party, we spent a lot of time cleaning the apartment.
на второй, **на третий день…** **и т.д.** **на следующий год**	**on the second day,** **on the third day…** **etc.** **for next year**

Задание 26. **Слова в скобках употребите в правильной падежной форме с нужным предлогом.**
Put the words in parentheses into the correct case form with the correct preposition.

Учитель математики смотрит в тетрадь ученика и говорит:

— Один из нас точно сошёл с ума.

(следующий день) _____ ученик кладёт учителю на стол лист бумаги.

— Что это? — спрашивает учитель.

— Это справка, что я не сумасшедший.

A math teacher looked into the pupil's notebook and said, "One of us has gone completely out of his mind."

The next day the pupil put a piece of paper on the teacher's desk.

"What's this?" asked the teacher.

"It's a doctor's note that I'm not crazy."

Задание 27. **Переведите на русский язык.**
Translate into Russian.

1. Do you want to buy diamonds on another day? But only today we are offering a discount for our regular buyers.

   _____

2. This fortress was built during the Middle Ages.

   _____

3. Today, I am very busy. Let's meet on some other day.

   _____

4. A young specialist is being accepted for work.
   A worker at the company:
   "This year your pay will be small, but next year it will be twice as much."
   The young specialist:
   "Very good! I'll come see you next year!"

   _____

   _____

Когда? (= Во сколько?) — At what time?			
Конкретное время	Specific Time	Приблизительное время	Approximate Time
Я позвоню вам **в пятнадцать минут** шестого. = Я позвоню вам **в четверть** шестого.	I will call you at 5:15. = I'll call you at a quarter past five.	Я позвоню вам **минут в пятнадцать** шестого.	I will call you at about 5:15.
Занятия начинаются **в десять часов**.	The lessons begin at ten o'clock.	Я вернулся домой **часов в десять**.	I returned home about 10:00.

Задание 28. **Закончите предложения, указывая конкретное или приблизительное время.**
Complete the sentences indicating specific or approximate time.

1. Спектакль начинается _____.
2. Муж вернулся из бара _____.
3. Вечеринка начнётся _____.
4. Друг обещал позвонить вечером, _____.
5. В воскресенье я встал (встала) _____.

Задание 29. **Переведите на русский язык.**
Translate into Russian.

1. I go to bed early, because my favorite dream begins at nine.
_____

2. Two friends are talking in a bar:
"It was nice talking with you, but now it's already late, and I have to go to a lecture."
"To what lecture? What kind of lectures can there be a 1:00 a.m.?"
"Always when I return home at night, my wife gives me a lecture. If you want, we can listen to it together!"
_____
_____
_____
_____
_____

3. Teacher:
"Children, this evening there will be an eclipse of the moon which will begin at 8:00 p.m. Absolutely watch it, it's very interesting!"
"Which channel will it be on?"
_____
_____
_____
_____
_____

Винительный падеж с предлогом «за». Достижение результата за определённое время. *За какое время?* The Accusative Case with the preposition «за». To achieve a result in a specific time period (to accomplish something) *How much time did / will it take? / In what period of time (will you finish something)?*			
Несовершенный вид Повторение действия	**Imperfective aspect** Repeated action	**Совершенный вид** Однократное, закон-ченное, результатив-ное действие	**Perfective aspect** A single completed action with a result
За какое время вы **обычно делаете** такую работу?	How long does it take you to do work like that?	За какое время вы **сделаете** эту работу?	How long will it take you to finish doing this work?
Чаще всего мы **делаем** её за неделю.	Most often, we do it in a week.	Мы **сделаем** её за неделю	We will finish doing this work in one week. / It will take us one week to finish doing this work.
За эти годы город **много раз менялся**.	During these years, the city has changed many times.	За эти годы город очень **изменился**.	During these years, the city has changed a lot.

Задание 30. **Слова в скобках употребите в правильной падежной форме.**
Put the words in parentheses into the correct case form.

Он написал 6 книг. Они неплохие для человека, который прочитал за (вся жизнь) _____ 2 книги.

He has written six books. They aren't bad for a person who has read only 2 books in his whole life.

Задание 31. **Переведите на русский язык.**
Translate into Russian.

1. We're cool, because we did all 9 exercises in an hour!

_____

2. We had so much to do that we didn't get any rest at all during our days off.

_____

3. A rich man asked a well-known painter to paint something for him. The painter kept his work and asked a very high price for it.
"Why," said the man, "it only took you ten minutes to do it."
"Yes," said the painter, "but it took me ten years to learn how to do it in ten minutes."

_____
_____
_____
_____

Комбинация предлогов «за» (+ винительный падеж) и «до» (+ родительный падеж) в предложении указывает на время того действия, которое предшествует другому действию, событию или факту	A combination of the prepositions «за» (+ Accusative Case) and «до» (+ Genitive Case) in a sentence indicates the time of that action which precedes another action, event, fact
Вы должны быть в аэропорту **за два** часа **до** вылета.	You must be at the airport two hours before take off (departure).
Мы пришли в университет **за пятнадцать** минут **до** начала занятий.	We arrived at the university 15 minutes before the beginning of classes.
За минуту до этого ты говорил совсем другое!	A minute ago, you said something totally different!
Наша фирма выполнила ваш заказ **за десять** дней **до** срока.	Our company fulfilled your order 10 days ahead of schedule.

Задание 32. **Измените предложения, используя конструкции времени с предлогами «за» и «до».**
Change the sentences using time constructions with the prepositions «за» and «до».

Образец: Я пришёл в театр в 19:45. Спектакль начинается в 20 часов. (начало)
Я пришёл в театр **за 15 минут до начала** спектакля.

1. Они пришли в магазин в 20:40. Магазин закрывается в 21 час. (закрытие)
_____

2. Я закончил делать домашнюю работу в 18:50. В 19 часов начался телевизионный фильм. (начало)
_____

3. Футболист нашей команды забил гол в 17:58. Футбольный матч закончится в 18 часов. (окончание)
_____

4. Мы приехали на вокзал в 13:00. Поезд отправляется в 13:15 (отправление)
_____

5. 28 января у матери будет день рождения. Дети приготовили ей подарок 26 января.
_____

6. Урок кончится в 15 часов. Студентка почувствовала себя плохо, поэтому она ушла с урока в 14:30 (конец)
_____

Задание 33. **Ответьте на вопросы, используя конструкции времени с предлогами «за» и «до».**
Answer the questions using time constructions with the prepositions «за» and «до».

1. Когда вы обычно приезжаете на вокзал, если вы должны куда-нибудь ехать?
_____

2. Когда вы готовите еду, если к вам должны прийти гости?
_____

3. Как нужно принимать это лекарство?
_____

Задание 34. Переведите на русский язык.
Translate into Russian.

1. He phoned several minutes before his arrival.
   _____

2. I knew about it one day before the exam.
   _____

3. The witness said she saw these guys a half hour before the store was robbed.
   _____

Выражение времени с предлогом «через»	Time Expressions with the preposition «через» (in; every other; later)
Через неделю я поеду в командировку.	In a week, I'm going on a business trip.
Она работает **через день**.	She works every other day.
Через год он вернулся на прежнюю работу.	In a year (a year later), he returned to his former work.
через некоторое время	(some time) later

Задание 35. Закончите предложения, используя конструкции времени с предлогом «через».
Complete the sentences using time constructions with the preposition «через».

1. Извини, я сейчас занят, перезвоню тебе _____.
2. Студент забыл всё, что объяснял преподаватель, _____ после урока!
3. Ура! Наш босс уехал в командировку и вернётся только _____ !
4. Следующие Олимпийские игры будут _____.

Задание 36. Переведите на русский язык.
Translate into Russian.

1. At the police station.
   The (female) victim: "This morning, I went to the market. I returned home in half an hour and saw the door was open and the apartment was in total disorder."
   Policeman: "Why didn't you call the police right away but only 6 hours later?"
   Victim: "Because I thought it was my husband searching for his socks."
   _____
   _____
   _____
   _____

2. The director of a well known company says to his assistant, "My son will finish college in a few days and will be looking for work. I'm thinking of taking him into our company as your assistant. He will have to work without any privileges. Just treat him like you would any other son of mine."
   _____
   _____
   _____
   _____
   _____

Выражение времени с предлогом «на» *На какое время? / На сколько?* Предлог «на» употребляется **не со всеми глаголами**	Time Expressions with the preposition «на» *For how long?* The preposition «на» **use not with all verbs**
ВНИМАНИЕ! *В таблице даны некоторые глаголы, которые используются в конструкции времени с предлогом «на».*	**ATTENTION!** *In the table, some verbs are given which are used in time constructions with the preposition «на».*
брать — взять На какое время (= на сколько) ты хочешь взять у друга компьютерную игру?	**to take** How long do you want to take your friend's computer game for?
давать — дать Дай, пожалуйста, на минутку твою ручку!	**to give** Give me your pen for a minute, please!
закрывать — закрыть Собор закроют на реставрацию года на полтора.	**to close** The cathedral will be closed for restoration for about a year and a half.
опаздывать — опоздать Поезд опаздывал на полчаса.	**to be late** The train was half an hour late.
оставаться — остаться Преподаватель попросил меня остаться после урока на несколько минут.	**to stay** The instructor asked me to stay after class for a few minutes.
оставлять — оставить На эти два дня ты можешь оставить свою собаку у нас. Не оставляйте детей ни на минуту без присмотра!	**to leave** For those two days, you can leave your dog with us. Don't leave the children even for a minute without supervision!
остановиться — останавливаться Мы путешествовали на машине, а на ночь останавливались в мотеле.	**to stop** We traveled by car and stopped at a motel for the night.
открывать — открыть Можно открыть окно минут на пять?	**to open** Would it be possible to open the window for about five minutes?
продлевать — продлить Мне надо продлить визу ещё на месяц.	**to prolong, to extend** I need to extend my visa for month longer.
расставаться — расстаться Не грусти, мы расстаёмся только на некоторое время, а не навсегда!	**to part** Don't be sad! We are parting only for some time, not forever.
хватать — хватить На сегодня нам продуктов хватит, а завтра надо будет сходить в магазин.	**to be enough** We have enough groceries for today, but it will be necessary to run down to the store tomorrow.
с глаголами движения: Он приехал в Россию на несколько месяцев, чтобы изучать русский язык.	**with some verbs of motion:** He came to Russia for a few months to study Russian.

Задание 37. **Закончите предложения, используя конструкции времени с предлогом «на».**
Finish the sentences using time constructions with the preposition «на».

Образец: Дети поедут к бабушке ...
Дети поедут к бабушке **на всё лето.**

1. Я опоздал на свидание всего _____ , но моя подруга уже ушла.
2. Муж опять уехал с друзьями на рыбалку _____!
3. Останови машину у этого киоска _____!
4. Тётя из деревни приехала к нам _____ .
5. Дети, мне надо серьёзно поговорить с вашим папой, оставьте нас _____!

Задание 38. **Переведите на русский язык.**
Translate into Russian.

"Do you guarantee that this picture is an original?"
"Of course! We give a three-year guarantee!"

_____
_____

Задание 39. **Слова в скобках употребите в правильной падежной форме.**
Put the words in parentheses into the correct case form.

Некоторое время мы решали, что делать: поехать на Багамские острова или развестись. И наконец мы решили, что Багамы — удовольствие всего лишь на (две недели) _____ , а развод — на (вся жизнь) _____ .

We spent quite a bit of time deciding what to do; to go to the Bahamas or to get a divorce. Of course, we decided that going to the Bahamas would give pleasure for only 2 weeks, but a divorce is for a lifetime.

Задание 40. **Переведите на русский язык.**
Translate into Russian.

1. Our relatives only came to see us for two days, thank God!

_____

2. I just dropped over to your place for a moment. I just want to gossip a little bit.

_____

3. I'll stay in London for a day. Don't ask me why!

_____

4. Sorry, I didn't catch what you said. Who has gone abroad for a year?

_____

5. How many minutes late were you there?

_____

6. For Christmas (for New Year's), I will go and visit my parents.

_____

7. My friend was sent to Las Vegas on a business trip for a month but he stayed for two.

_____

Задание 41. Используйте конструкции времени с предлогами «за», «на» или без предлога.
Use time constructions with the prepositions «за», «на» or without a preposition.

1. (один день)

Вы были за городом только _____ ?

Дай мне, пожалуйста, этот фильм _____ .

Сколько новостей мы узнали _____ .

2. (целая неделя)

Друзья не виделись _____ /

Кошмар! Менеджер _____ ничего не сделал!

Отец уедет в Киев _____ ?

3. (вся жизнь)

Дедушка _____ много работал.

_____ Бетховен написал несколько симфоний и только одну оперу.

О боже! Этих денег хватит нам _____ .

4. (минута)

Можно взять _____ словарь?

В Интернете ты найдёшь эту информацию _____ .

Подожди, пожалуйста, _____ ! Я сейчас вернусь.

5. (полгода)

Родственник взял в банке кредит _____ .

_____ их семья жила за границей.

Многое изменилось в фирме _____ .

Задание 42. Употребите слова, данные в скобках, с предлогами «на», «за», «через» или без предлога.
Answer using the words in parenthesis with the prepositions «на», «за», «через» or no preposition at all.

1. Извини, я сейчас не могу с тобой поговорить — лучше встретимся (час) _____ .
2. Это блюдо можно приготовить (четверть часа) _____ .
3. Ты можешь дать нам гитару (сегодняшний вечер) _____ ?
4. Наши гости уезжают в аэропорт (полчаса) _____ .
5. Мы будем лететь туда только (сорок минут) _____ .

Задание 43. Употребите слова, данные в скобках, с предлогами «на», «за» или без предлога.
Answer using the words given in parentheses with the prepositions «на», «за» or no preposition at all.

1. (пара дней)

Ты можешь дать мне 100 долларов _____ ?

Художник написал эту картину _____ .

Собака без хозяев _____ ничего не ела.

2. (неделя)

Родители отдыхали на море _____ .

Они хорошо отдохнули _____ .

Я возьму отпуск _____ .

3. (ночь)

Борис остался у друзей _____ .

Из Петербурга в Москву поезд идёт _____ .

_____ Иван проиграл в казино все свои деньги.

Задание 44. Употребите слова, данные в скобках, с предлогами «на», «за», «через» или без предлога.

Answer using the words given in parentheses with the prepositions «на», «за», «через» or no preposition at all.

1. Он ни разу не позвонил подруге (всё это время) _____ ?

2. Сейчас уже поздно возвращаться домой, оставайтесь у нас (ночь) _____ .

3. (два дня) _____ у сестры день рождения, а я ещё ничего не купил ей.

4. Они жили в Венеции (полгода) _____ .

5. Отцу не повезло: он проболел (весь отпуск) _____ .

6. Из-за дождя мы погуляли только (двадцать минут) _____ .

Задание 45. Употребите слова, данные в скобках, с предлогами «на», «за», «через» или без предлога.

Answer using the words given in parentheses with the prepositions «на», «за», «через» or no preposition at all.

1. Подруга уезжает, и теперь мы встретимся только (год) _____ .

2. Ребёнок спал сегодня только (6 часов) _____ .

3. Я брал у друга деньги и должен вернуть их ему (месяц) _____ .

4. Они танцевали на дискотеке (вся ночь) _____ .

5. Мы поссорились и (весь вечер) _____ не сказали друг другу ни слова.

6. Погода была ужасная (вся неделя) _____ .

Винительный падеж с предлогом «под»	The Accusative Case with the preposition «под» (just before, toward, around) *Especially with times of the day and festivals*
под утро Больной уснул только под утро.	**toward morning** The sick person fell asleep only toward morning.
под вечер Рыбаки вернулись домой под вечер.	**toward evening** The fishermen returned toward evening.
под Рождество; под Новый год Под Рождество и под Новый год в магазинах всегда много людей.	**around New Year's; around Christmas** Around Christmas and New Year's, there are always a lot of people in the stores.

Задание 46. **Переведите на русский язык.**
Translate into Russian.

1. Just before morning, it began to rain heavily.

   _____

2. My friend was from freed the things he had to do only toward evening.

   _____

3. This happy meeting took place on New Year's eve.

   _____

4.7. КОНСТРУКЦИИ ВРЕМЕНИ В ТВОРИТЕЛЬНОМ ПАДЕЖЕ БЕЗ ПРЕДЛОГА TIME CONSTRUCTIONS IN THE INSTRUMENTAL CASE WITHOUT A PREPOSITION

Творительный падеж <u>без предлога</u> The instrumental case without a preposition			
Единственное число	**Singular**	**Множественное число**	**Plural**

утром
днём
вечером
ночью
	in the morning
	in the afternoon
	in the evening
	at night
		—
		днями
		вечерами
		ночами
		сутками
			—
			for days (at a time)
			for (entire) evenings
			for (entire) nights
			for a 24 hour period

Утром я был в университете, **днём** готовил обед, а **вечером** ко мне пришли друзья.	In the morning, I was at the university; in the afternoon, I prepared dinner, and in the evening, friends came over to see me.	Ты **целыми днями** смотришь телевизор и ничего не делаешь!	You watch TV entire days and don't do anything!
Этой **ночью** я плохо спал.	This night, I didn't sleep well.	**Вечерами** он сидит за компьютером.	In the evenings, he sits at the computer.
		Мы **днями и ночами** работали над этим проектом.	Days and nights, we worked on this project.
		У него такая работа, что часто приходится работать **сутками**.	His work is such that he often has to work for a 24 hour period.

Задание 47. **Слова в скобках употребите в правильной падежной форме.**
Fill in the blanks with the words in parentheses in the correct case form.

1. Я никогда ни о чём не беспокоюсь, потому что (день) _____ слишком занят, а (ночь) _____ слишком крепко сплю.

   I never worry about anything, because, during the day, I'm too busy and at night I sleep too soundly.

2. Если ваша жена (утро) _____ злая, как собака, значит, вчерашний вечер удался.

   If your wife is peevish as a dog in the morning, this means that yesterday evening was a success.

3. Молод тот, кто вечером чувствует себя так же, как (утро) _____, стар — кто утром чувствует себя так же, как (вечер) _____.

Young is one who feels the same in the evening as in the morning; old is the one who feels the same in the morning as in the evening.

Задание 48. **Переведите на русский язык.**
Translate into Russian.

1. Telephone conversation.

"Hi, Sasha! This is Oleg speaking. Are you free today?"
"Yes, I'm free."
"And how about tomorrow night?"
"Tomorrow, I'm free as well."
"And the day after tomorrow?"
"Well, the day after tomorrow, I'll be busy the whole day. Why do you ask?"
"What a shame that you'll be busy. I wanted to invite you to supper after tomorrow!"

_____
_____
_____
_____
_____
_____
_____

2. "How did you make your neighbour (neighbor) keep his hens in his own yard?"
"One night, I hid a dozen eggs under a bushes in my garden, and next day, I let him see me gather them. His hens didn't bother me after that.

_____
_____
_____

зимой	**in winter**
весной	**in spring**
летом	**in summer**
осенью	**in fall, in autumn**
Зимой дети любят играть в снежки.	In the winter, children love snowball fights.
Весной появляются первые цветы.	In the spring, the first flowers appear.
Летом мы очень любим купаться.	In the summer, we really love to go swimming.
Осенью много ягод, фруктов и овощей.	In the fall, there are many berries, fruits, and vegetables.

Задание 49. **Закончите предложения, используя слова из таблицы.**
Finish the sentences using words from the table.

1. _____ я всегда много плаваю и загораю.
2. Как красиво _____ цветут деревья в нашем саду!
3. _____ в России дети катаются на санках, лыжах и коньках.
4. _____ вся наша семья любит ходить в лес за грибами.

целыми днями	entire days
часами	for hours
сутками	for days at a time(for 24-hour periods)
периодами	for periods (of time)
неделями	for weeks
месяцами	for months
годами	for years
веками	for centuries
вечерами	for whole evenings
Дочь **часами** упражнялась на пианино.	(Their) daughter practiced the piano for hours at a time.
Он моряк и **месяцами** не видит семью.	He is a sailor and doesn't see his family for months at a time.

Задание 50. Слова в скобках употребите в правильной падежной форме.
Put the words in parentheses into the correct case form.

Жена:

— Не понимаю, почему ты (вечера) _____ сидишь в баре?

Муж:

— Не понимаю, не понимаю. Зачем тогда говорить о том, чего ты не понимаешь!

Wife:

"I don't understand why you sit in a bar for whole evenings?"

Husband:

"I don't understand, I don't understand. What's the purpose in talking about something that you don't understand?"

4.8. КОНСТРУКЦИИ ВРЕМЕНИ В ТВОРИТЕЛЬНОМ ПАДЕЖЕ С ПРЕДЛОГОМ
TIME CONSTRUCTIONS IN THE INSTRUMENTAL CASE WITH A PREPOSITION

Творительный падеж с предлогом «за» *За чем? / Во время чего?*	The Instrumental case with the preposition «за» *During what?*
за завтраком	at / over breakfast, during breakfast
за обедом	at / over lunch, during lunch, dinner
за ужином	at supper, during supper
За завтраком отец спросил меня о моих планах.	During breakfast, dad asked me about my plans.
За обедом она сообщила нам, что выходит замуж.	During lunch (dinner), she informed us that she was getting married.
Брат был в хорошем настроении и много шутил **за ужином**.	Brother was in a good mood and joked a lot during supper/dinner.
за разговором **За разговором** мы не заметили, как пролетело время.	**During conversation** During our conversation, we didn't notice how the time flew.
за чаем, **за кофе**, **за кружкой** пива, **за рюмкой** коньяка …и т.п.	**when we / are / were / will having tea, coffee (over tea, coffee) …**

Задание 51. **Слова в скобках употребите в правильной падежной форме.**
Fill in the blanks with the words in parentheses in the correct case form.

За (белое вино) _____ думают о глупостях, за (красное) _____ — говорят глупости, а за (шампанское) _____ их совершают.

Over white wine, they think of stupidities, over red wine, they talk stupidities, and over champagne, they carry them out.

Задание 52. **Измените предложения по образцу.**
Change the sentences according to the model.

Образец: **Во время обеда** мы часто рассказываем друг другу новости.
За обедом мы часто рассказываем друг другу новости.

1. О чём говорят парни, **когда пьют пиво?**

_____

2. **Во время обеда** коллега сказал, что мы получим премию.

_____

3. **Когда директор выпьет рюмку коньяка**, он становится более откровенным.

_____

4. Сегодня подруга обещала рассказать все новости, **когда мы будем пить кофе.**

_____

5. **Когда мы ужинали**, наш гость случайно разбил дорогую тарелку.

_____

Задание 53. **Переведите на русский язык.**
Translate into Russian.

1. Over a cup of coffee, he told a funny story.

_____

2. Over tea, the ladies discussed their purchases.

_____

3. I often read the newspaper at breakfast.

_____

4. Over lunch, they spoke about literature.

_____

Творительный падеж с предлогом «между»	The Instrumental Case with the preposition «между» (between)
Детектив спросил, где вы были сегодня **между двумя и тремя часами**?	Where were you today between two and three?

Задание 54. **Замените цифры словами.**
Replace the numbers with words.

1. Свидетель сказал, что это случилось между **6 и 6:30.**

_____

2. Я видел эту машину около нашего офиса, наверное, между **12:00 и 13:00.**

_____

3. Если вы будете свободны между **4 и 5**, мы можем встретиться в кафе.

_____

Творительный падеж с предлогом «перед»	The Instrumental Case with the preposition «перед» (just before)
Я всегда волнуюсь перед экзаменом.	I always worry just before an exam.

Задание 55. **Слова в скобках употребите в правильной падежной форме.** **Put the words in parentheses into the correct case form.**

Перед (брак) _____ открой глаза широко, после (брак) _____ лучше закрой их.

Before marriage, open your eyes widely; after marriage, it is best to close them.

Задание 56. **Измените предложения по образцу.** **Change the sentences according to the model.**

Образец: **Перед тем как началась вторая лекция**, мы успели поесть в кафе.
    Just before the second lecture began, we had time for a bite in a café.
    Перед началом второй лекции мы успели поесть в кафе.
    Just before the beginning of the second lecture, we had time for a bite in a café.

1. **Перед тем как продать эту картину**, покажите её эксперту. (продажа)
   _____

2. Я решил поговорить с директором, **перед тем как поехать в Минск**. (поездка)
   _____

3. Я обязательно позвоню тебе, **перед тем как приехать**. (приезд)
   _____

4. **Перед тем как будешь уходить из дома**, проверь, всё ли выключено. (уход)
   _____

5. Режиссёр хочет сказать несколько слов **перед тем, как будут показывать его новый фильм**. (показ)
   _____

6. Артист всегда волнуется, **перед тем как выступить**. (выступление)
   _____

7. **Перед тем как позавтракать**, он делал гимнастику и принимал душ. (завтрак)
   _____

8. **Перед тем как встретиться с девушкой**, он купил ей цветы. (встреча)
   _____

9. **Перед тем как купить машину**, я посоветовался с друзьями. (покупка)
   _____

10. Это лекарство принимайте **перед тем, как будете есть**. (еда)
    _____

11. Надо поговорить об этом с директором **перед тем, как он уедет**. (его отъезд)
    _____

Задание 57. **Ответьте на вопросы, используя конструкции времени с предлогом «перед».** **Answer the questions using time constructions with the preposition «перед».**

1. Когда волнуется артист?
   When is an artist agitated?
   _____

2. Когда люди прощаются?

When do people say farewell?

_____

3. Когда нужно обязательно мыть руки?

When is it absolutely necessary to wash your hands?

_____

4. Когда вы надеваете пижаму?

When do you put your pyjamas on?

4.9. КОНСТРУКЦИИ ВРЕМЕНИ В ПРЕДЛОЖНОМ ПАДЕЖЕ
TIME CONSTRUCTIONS IN THE PREPOSITIONAL CASE

Предложный падеж с предлогом «в»	The Prepositional Case with the preposition «в»
1. В каком месяце? **В этом месяце** вы должны закончить этот проект. **В январе** у друга будет день рождения.	1. What month … ? This month, we have to finish this project. In January, my friend will have his birthday.
2. В каком году … ? / В каком веке… — **В каком году** ты родился? — **В** тысяча девятьсот восемьдесят **пятом году.** Картина была написана **в девятнадцатом веке.** Мы планируем поехать в Крым **в будущем году.**	2. What year … in? / What century … ? "What year were you born in?" "In 1985 in" This picture was painted in the 19th century. We plan to go to the Crimea next year.
3. в прошлом, в будущем **В прошлом** отец был неплохим спортсменом. **В будущем** мы купим дом на берегу моря.	3. in the past, in the future In the past, dad was a pretty good sportsman. In the future, we will buy a house on the seashore.
4. в половине Занятия начинаются **в половине** десятого.	4. at half past Classes begin at 9:30.
5. в детстве **в юности, в молодости** **в старости** Велику книгу нужно читать в юности, в зрелом возрасте и ещё раз в старости, так же как прекрасное здание нужно видеть в утреннем свете, в полдень и при луне.	5. in childhood in youth in old age A great book must be read in ones youth, during middle age, and again in old age, much the same as a beautiful building must be seen in the morning light, at noon, and in the light of the moon.

Задание 58. **Слова в скобках употребите в правильной падежной форме с предлогом.**
Put the words in parentheses into the correct case form with a preposition.

1. (этот месяц) _____ у друзей будет свадьба.
2. Друзья из Москвы приедут к нам (май) _____.
3. Спектакль начинается (половина восьмого) _____.
4. Мы были в России (прошлый год) _____.

Задание 59. Ответьте на вопросы, используя конструкции времени с предлогом «в».
Answer the questions using time constructions with the preposition «в».

1. Когда вы впервые влюбились?

 When did you fall in love for the first time?

 _____

2. Когда вы в последний раз были в театре?

 When did you last go to the theater? (When were you last in the theater)?

 _____

3. Когда жил ваш любимый писатель (музыкант, художник, учёный и т.п.)?

 When did your favorite writer (musician, artist, scientist, etc.) live?

 _____

4. Когда произошло что-нибудь важное в вашей жизни?

 When did something important happen in your life?

 _____

Предложный падеж с предлогом «на»	The Prepositional Case with the preposition «на»
на этой неделе	this week
на той / на прошлой неделе	last week
на будущей / на следующей неделе	next week
на рассвете / на заре	at dawn
на закате	at sunset
Если вы очень заняты **на этой неделе**, мы можем встретиться **на следующей неделе**.	If you are busy this week, we can meet next week.

Задание 60. Слова в скобках употребите в правильной падежной форме с предлогом «на».
Fill in the blanks with the words in parentheses in the correct case form with the preposition «на».

(прошлая неделя) _____,
когда бармен ошибся, родился новый коктейль.

Last week when my barman made a mistake, a new cocktail was born.

Задание 61. Ответьте на вопросы, используя конструкции времени с предлогом «на».
Answer the questions using time constructions with the preposition «на».

1. В какое время суток море вам кажется наиболее красивым?

 At what time of the day does the sea seem to you the most beautiful?

 _____

2. Когда вы хотели бы поехать за город?

 When would you like to go out to the coutry?

 _____

3. Как рано ваш отец уходит на работу?

 How early does your father leave for work?

 _____

Задание 62. Переведите на русский язык.
Translate into Russian.

1. This week, I am really busy. We can speak about your genius plans next week.
   _____

2. Her father promised to buy this car for her at the end of May. She is happy!
   _____

3. What is the difference between a diplomat and a military man? They both do nothing, but the military man gets up at dawn and occupies himself with nothing in a disciplined fashion. The diplomat does this after dinner and without any discipline.
   _____
   _____
   _____

Предложный падеж с предлогом «при»	The Prepositional Case with the preposition «при» (during)
при Петре Первом при советской власти	during the reign of Peter the Great during Soviet times

Задание 63. Ответьте на вопросы, используя конструкции времени с предлогом «при».
Answer the questions using time constructions with the preposition «при».

1. Когда происходили важные перемены в вашей стране?
   When have important changes occurred in your country?
   _____

2. Когда произошла перестройка в России?
   When did "perestrojka" occur in Russia?
   _____

ПОВТОРЕНИЕ
REVIEW

Задание 64. Слова в скобках употребите в правильной падежной форме с предлогом или без него.
Put the words in parentheses into the correct case form with or without a preposition.

1. Где вы будете отдыхать (это лето) _____ ?
2. Самолёт прилетает рано (утро / половина седьмого) _____ .
3. Их ребёнок пошёл в школу (эта осень) _____ .
4. Никто не учится (первое / январь) _____ .
5. Дочь сказала, что пойдёт на концерт (пятница / вечер) _____ .
6. Нам надо быть в Москве (третье / апрель) _____ .
7. Мы были в Альпах (прошлая зима) _____ .
8. Дедушка сказал, что плохо спал (эта ночь) _____ .
9. Инженеры работали над новым проектом (полтора года) _____ .

Задание 65. Употребите слова в скобках в нужном падеже с предлогом.
Fill in the blanks with the words in parenthesis in the correct case form with a preposition.

1. Позвони мне (вторник / день) _____.
2. (какой год) _____ родился А.С. Пушкин? .
3. Вы очень заняты (среда) _____ ?
4. Нашего ребёнка нельзя оставить одного даже (минута) _____!
5. Директор сейчас в командировке, вернётся (неделя) _____.
6. Мы послали им факс и (другой день) _____ получили от них ответ.
7. Я запомнил слова отца (вся жизнь) _____.
8. Перезвони мне (пара минут) _____!

Задание 66. Ответьте на вопросы, используя конструкции времени.
Answer the questions using time constructions.

1. Когда вы в последний раз купались в море или океане?
When did you last go swimming in the sea or ocean?

_____

2. У вас уже кончилась виза?
Has your visa already run out?

_____

3. Когда было модно носить такую одежду?
When was clothing like that in style?

_____

4. Что вам сказали в автосервисе по поводу ремонта вашей машины?
What did they tell you at the garage about fixing your car?

_____

5. Надолго хотят закрыть музей?
Have they wanted to close the museum for a long time?

_____

6. Вы быстро добрались до университета?
Did you get to the university quickly?

_____

7. Твоя знакомая любит болтать по телефону?
Does your acquaintance love to talk nonsense on the phone?

_____

Задание 67. Слова в скобках употребите в правильной падежной форме с предлогом или без него.
Put the words in parentheses into the correct case form with or without a preposition.

1. Россини написал оперу «Севильский цирюльник» (тринадцать дней) _____.
2. В городе многое изменилось (десять лет) _____.
3. Где вы были (день) _____ ?
4. Вы доедете до центра быстро, (четверть часа)_____.
5. Мы с другом почти (вся ночь) _____ играли в компьютерную игру.
6. (этот момент) _____ я не знал, что мне делать.
7. Роман был написан (девятнадцатый век) _____.
8. (девяностые годы) _____ был кризис в экономике.

9. (1882 г.) _____ О. Уайлд впервые посетил США.
Таможенник спросил его, что он перевозит через границу.

— Ничего, кроме своего таланта, — ответил писатель.

Задание 68. **Ответьте на вопросы, используя слова в скобках в правильной падежной форме с предлогом.**
Answer the questions using words in parentheses in the correct case form with a preposition.

1. Когда будет экзамен? (этот месяц)

   When will there be an exam?

   _____

2. Когда Анна и Дмитрий развелись? (прошлый год)

   When did Anna and Dmitry divorce?

   _____

3. Когда поэт начал писать стихи? (юность)

   When did the poet begin to write verses?

   _____

4. Когда приедут твои родственники? (следующая неделя)

   When will your relatives arrive?

   _____

5. Когда будет экскурсия? (следующая суббота)

   When will the excursion be?

   _____

6. Когда построили это здание? (послевоенное время)

   When did they finish constructing this building?

   _____

7. Когда вы изменили своё решение? (самый последний момент)

   When did you change your decision?

   _____

Задание 69. **Переведите на русский язык.**
Translate into Russian.

1. They have to work from morning till night.

   _____

2. The department is being reorganized from April.

   _____

3. I asked to leave the room for a few minutes.

   _____

4. The electricity system was out of work for the night.

   _____

5. Stay with us for the weekend!

   _____

6. I'm sorry about the noise last night.

   _____

7. It is about six now.

   _____

5 ПРЕДЛОГИ
PREPOSITIONS

5.1. УПОТРЕБЛЕНИЕ ПРЕДЛОГОВ С ОДНИМ ПАДЕЖОМ
PREPOSITIONS USED WITH A SINGLE CASE

С РОДИТЕЛЬНЫМ ПАДЕЖОМ (ПАДЕЖ № 2)	WITH THE GENITIVE CASE
без	without, out of, minus, less, no, save, wanting
ввиду	in view of, due to
вдоль	along
вместо	instead of
вне	outside, out of
во время	during, in the time of, along
возле	by, near, close by
вокруг	around, round
в пользу	in (on) behalf of
в результате	as a result of
вследствие	owing to, on account of, in consequence of
в течение	during
для	for, of, to
до	till, until, before, as far as
из	from, of, out of, for
из-за	because of, from behind
из-под	from under, from beneath
кроме	except, besides
мимо	pass by, past, by
накануне	on the eve (of), on the day before
напротив	opposite, over, facing
насчёт	concerning, about, as regards
начиная с	beginning from
около	about, near, by
от	from, away from, for, off, with
помимо	besides, apart from
после	after, since
посреди	in the middle (of)
против	against, contrary to
ради	for the sake of, for smb.'s sake
сверх	over, above, beyond, in addition to
среди	among, amongst, in the middle of
у	by, at, with

С ДАТЕЛЬНЫМ ПАДЕЖОМ (ПАДЕЖ № 3)	WITH THE DATIVE CASE
благодаря вопреки к согласно судя по	thanks to in spite of, contrary to to, towards, for, by according to judging by, from

С ВИНИТЕЛЬНЫМ ПАДЕЖОМ (ПАДЕЖ № 4)	WITH THE ACCUSATIVE CASE
включая исключая несмотря на про сквозь спустя через / чрез	including, included except, excluding in spite of about, of through after, later through, in, later, every other

С ТВОРИТЕЛЬНЫМ ПАДЕЖОМ (ПАДЕЖ № 5)	WITH THE INSTRUMENTAL CASE
в связи с над перед(о) / пред(о) рядом с совместно с	in connection with, owing to over, above, at before, in front of beside, near, next door together with

С ПРЕДЛОЖНЫМ ПАДЕЖОМ (ПАДЕЖ № 6)	WITH THE PREPOSITIONAL CASE
при	during, when, in the presence of, before, in the time of, with, on, under, for, at, attached to, in front of, near, by

5.1.1. УПОТРЕБЛЕНИЕ ПРЕДЛОГОВ С РОДИТЕЛЬНЫМ ПАДЕЖОМ (ПАДЕЖ № 2)
PREPOSITIONS USED WITH THE GENITIVE CASE

БЕЗ	WITHOUT, OUT OF, MINUS, LESS, NO, SAVE
Без чего не прыгают парашютисты? Дом без книг — как комната без окон.	What don't parachutists jump without? A house without books is like a room without windows.
Сейчас без четверти четыре (= 15:45).	It's a quarter to four now.

Задание 1. Ответьте на вопросы.
Answer the questions.

1. Без чего скучно студентам? — What are students bored without?
_____

2. Без чего суп не будет вкусным? — What doesn't soup taste good without?
_____

3. Без чего не стоит ходить в гости? — What is it not worth going visiting without?
_____

4. Без чего запрещается водить машину? — What is it forbidden to drive a car without?
_____

5. Без чего вы промокнете под дождём? — What will you get soaking wet when it rains without?
_____

6. Без чего ваша жизнь была бы менее интересной? — What would your life be less interesting without?
_____

Задание 2. Слова, данные в скобках, употребите в правильной грамматической форме.
Use the words given in parentheses into the correct grammatical form.

1. Без (календарь) _____ мы не знали бы что у нас сейчас: вчера, сегодня или завтра.

   Without a calendar, we wouldn't know if it's yesterday, today, or tomorrow right now.

2. Нет розы без (шипы) _____.

   There is no rose without a thorn.

3. Стихи могут быть без (ритм) _____; стихи могут быть без (рифма) _____; стихи могут быть без (смысл) _____, но нельзя, чтобы это всё было в одном стихотворении.

   Verses may be without rhythm or rhyme; they may be meaningless, but all of this must not be in a single verse.

4. Не бывает сада без (сорняки) _____.

   There is no garden without its weeds.

5. 😂 Без (адвокат) _____ даже рождаться неразумно.

   Without a lawyer, it doesn't make any sense even to be born.

6. 😂 Хорошо играет тот, кто играет без (противник) _____.

   He who plays without an adversary plays well.

7. 😂 Хор — это свобода слова без (право) _____ выбора.

   A choir is freedom of speech without the right of choice.

Задание 3. **Слова, данные в скобках, употребите в правильной грамматической форме.**
Use the words given in parentheses into the correct grammatical form.

1. Реклама объясняет всем нам, без (какие лишние вещи) _____ _____ мы не можем жить.

   An advertisement explains to us all superfluous things that we cannot live without.

2. Не уступай судьбе без (денежная компенсация) _____!

   Do not yield to fate without monetary compensation!

3. Будь осторожен: не делай добро без (свидетели) _____!

   Be careful; don't do good without witnesses!

4. Как много новорожденных обещаний живёт без (отец) _____!

   How many newborn promises live without fathers!

5. Он любил деньги без (взаимность) _____ _____.

   He loved money without reciprocity.

6. Без (деньги) _____ можно делать только долги.

   Without money, one may only go into debt.

7. Кто приходит без (приглашение) _____, тот сидит без (угощение) _____.

   He who comes uninvited sits unserved.

8. Делай больше, чем можешь, быстрее будешь без (работа) _____!

   Do more than you are able to do, and you will be closer to unemployment!

Задание 4. **Переведите на русский язык.**
Translate into Russian.

1. I swear! He has done this stupid thing without my help.

   _____

2. There is no smoke without fire.

   _____

3. Without you, it's almost as bad for me as it is with you!

   _____

4. How is it possible? He wrote his exercise without any mistakes! There is no rule without an exception.

   _____

5. I want to drink beer, but I have no money. It is difficult to live without friends!

   _____

6. 🎭 A man says to a young lady:

   "Nina, let's you and me go to a restaurant!"

   "You have offended me. I'm not going. Go by yourself, without me!"

   "I can't go without you!"

   "Why not, Igor?"

   "I don't have any money!"

   _____
   _____
   _____
   _____
   _____
   _____
   _____

Задание 5. Закончите предложения, используя слова из таблицы.

Finish the sentences using words from the table.

Устойчивые сочетания — Expressions in frequent use

без всякого намерения — without any intention

без затруднений — without trouble

без задержки — without delay

без исключения — without exception

без колебаний — without hesitation

без малейшего сожаления — without the slightest regret

без отдыха — without rest

без объяснения — without explanation

без перерыва — without a break

без предупреждения — without prior warning

без работы — without work

без сомнения — without a doubt

без уважительной причины — without good excuse

без цели — without any aim, aimless, to no purpose

без четверти ... —a quarter to ...

---

1. Я неплохо знаю русский язык, поэтому делаю упражнения _____.

2. Поезд пришёл вовремя, _____.

3. Сейчас у него нет денег, потому что он _____.

4. Вы неправильно поняли меня — я сказал это _____ обидеть (to offend) вас.

5. Он опоздал на работу _____.

6. Пора ложиться спать: уже _____ одиннадцать.

7. Ради семьи жена отказалась от своей карьеры _____.

8. Всем нравится его музыка. Он, _____ , талантливый композитор!

9. Санитарный инспектор пришёл _____

10. Чтобы получить диплом, студенты должны сдать все экзамены _____.

11. Киностудия предложила актрисе очень хороший контракт, и она _____ согласилась.

12. Я думаю, что _____ дети не поймут, как нужно играть в эту игру.

13. Мы очень устали, потому что работали _____.

ВМЕСТО	INSTEAD OF
Официант по ошибке вместо мяса принёс мне рыбу.	The waiter by mistake brought fish instead of meat.
Люди одиноки, потому что вместо мостов строят стены.	People are lonely, because they build walls instead of bridges.

Задание 6. Составьте предложения, используя предлог «вместо».
Compose sentences using the preposition «вместо».

Образец: игрушки — собака
Дети попросили родителей купить им собаку вместо игрушек.
The children asked their parents to bye for them a dog instead of toys.

1. бифштекс (beefsteak) — цыплёнок (chicken)

   _____

2. шампанское (champagne) — вино (vine)

   _____

3. попугай (parrot) — котёнок (kitten)

   _____

4. дискотека (disco) — боулинг (bowling)

   _____

5. духи (perfume) — цветы (flowers)

   _____

6. брюки (trousers /pants) — юбка (skirt)

   _____

7. деньги (money) — подарок (gift)

   _____

8. комедия (comedy) — боевик (hit)

   _____

Задание 7. Слова, данные в скобках, употребите в правильной грамматической форме.
Use the words given in parentheses into the correct grammatical form.

1. Для актёров изобрели новый будильник — с аплодисментами вместо (звонок) _____ .

   They have invented a new alarm clock for actors with applause instead of a bell.

2. «Пользователь» — слово, которое используют профессиональные компьютерщики вместо (слово) _____ «идиот».

   "User" is a word used by professional computer specialists instead of the word "idiot."

Задание 8. Переведите на русский язык.
Translate into Russian.

1. "He drank apple juice instead of wine".
   "Oh, really? What's happened with him?"

   _____

   _____

2. All of our lives, we have been waiting for a person who would come to understand us instead of himself.

   _____

Задание 9. Ответьте на вопросы, используя предлог «вместо».
Answer the questions using the preposition «вместо».

1. Как изменились планы у ваших гостей?

_____

2. Кто будет гулять с собакой, если вас не будет два дня дома?

_____

ВНЕ	OUTSIDE, OUT OF
вне игры	offside, outside the game
вне опасности	out of danger
вне подозрения	above suspicion
вне себя от радости	beside oneself with joy, overjoyed
вне себя от гнева (злости)	beside oneself with rage, boiling over with rage
Она была вне себя от радости (= очень рада).	She was beside herself with joy.

Задание 10. Закончите предложения, используя слова из таблицы.
Finish the sentences using words from the table.

1. Когда наша команда выиграла, мы были _____.
2. Футбольный судья (referee) показал, что мяч находится _____.
3. Врачи вовремя сделали операцию моему другу, и сейчас его жизнь _____.
4. У этого человека есть алиби, поэтому он _____.
5. Когда актёр узнал, что пишет о нём жёлтая пресса, он был _____.

Задание 11. Переведите на русский язык.
Translate into Russian.

1. From time to time, it's necessary to live outside of time (not worrying about time).

_____

2. His talent to be lazy is beyond dispute.

_____

ВО ВРЕМЯ	DURING, IN THE TIME OF
Аппетит приходит во время еды.	Appetite comes with eating.
«Мудрый» муж говорит: «Я заметил, что стиральные машины ломаются только во время стирки».	A "wise" husband says, "I noticed that washing machines break only during washing."

Задание 12. Ответьте на вопросы, используя предлог «во время».
Answer the questions using the preposition «во время».

Образец: Когда он загорал и много плавал? — When did he get a suntan and swim a lot?
Во время отпуска. — During his vacation.

1. Когда студенты вышли из аудитории? — When did the students come out of the classroom?

_____

2. Когда любые вещи можно купить дешевле? — When is it possible to buy anything more cheaply?

_____

3. Когда спортсмен получил травму? — When did the sportsman receive physical trauma?

4. Когда дети бегают и шумят? — When do the children run around and make noise?

Задание 13. Составьте предложения, используя предлог «во время».
Compose sentences using the preposition «во время».

1. _____
2. _____
3. _____

Задание 14. Переведите на русский язык.
Translate into Russian.

1. What will you do during the break? Will you smoke again?

2. It's a good thing that no one was injured in the fire.

3. This line on the wall shows the level of the water during the flood.

4. Did you already hear what happened during the football game?

5. Julie Roberts played a bride who ran off during the wedding ceremony.

ДЛЯ	FOR, TO
Для кого эти сувениры?	Who are these souvenirs for?
Морковь очень полезна для глаз. Вы когда-нибудь видели кролика в очках?	Carrots are very good for the eyes. Have you ever seen a rabbit wearing glasses?

Задание 15. Ответьте на вопросы.
Answer the questions.

1. Для кого эта книга сказок? — Who is this book of fairy tales for?

2. Для кого эти бриллианты? — Who are these diamonds for?

3. Для кого вы приготовили такой вкусный обед? — Whom have you prepared this delicious dinner for?

4. Для чего вы купили пиво, шампанское и вино? — What did you buy the beer, champagne and wine for?

5. Для кого такой красивый букет цветов? — Who is such a beautiful bouquet of flowers for?

Задание 16. Слова, данные в скобках, употребите в правильной грамматической форме.
Use the words given in parentheses into the correct grammatical form.

1. Не говори своей девушке, что ты её недостоин. Пусть это будет для (она) _____ сюрпризом!

   Don't tell your girlfriend that you are not worthy of her. Let that be a surprise for her!

2. Всё необходимое для (пикник) _____ мы принесём из дома, за исключением муравьёв.

   We will take everything necessary for a picnic from home, with the exception of the ants.

3. Мы купили трейлер, потому что в нём можно жить, пока ищешь место для (парковка) _____.

   We bought a trailer, because you can live in it while you are looking for a parking place.

4. Возраст капитала мужчины — не препятствие для (красивая девушка) _____ _____.

   The age of a man's capital is no obstacle for a beautiful girl.

5. Однажды журналисты спросили известного экономиста:
   — Что для (вы) _____значат любовь и брак?
   — О! Любовь — это свет жизни! А вот брак — это уже счёт за свет.

   Journalists once asked a famous economist the following, "What do love and marriage mean to you?"
   "Oh! Love, that's the light of life! And marriage, well, that's the light bill!"

Задание 17. Слова, данные в скобках, употребите в правильной грамматической форме.
Use the words given in parentheses into the correct grammatical form.

1. Влюблённая женщина готова сделать для (мужчина) _____ всё, а влюблённый мужчина разрешает ей это сделать.

   A woman who is in love is ready to do everything for her husband, and a man who is in love allows her to do it!

2. Чувствительный человек слишком занят своими чувствами, чтобы найти время для (добрые дела) _____.

   A sensitive person is too preoccupied with his own feelings to find time for good deeds.

3. Лучшее время для (переживания) _____ _____ — это завтра.

   The best time to worry is tomorrow.

4. В Лас-Вегасе есть абсолютно всё, что нужно для (азартные игры) _____ _____ и для (немедленное венчание) _____.

   In Las Vegas, there is absolutely everything necessary for gambling and for a quick wedding.

5. Для (те люди) _____, которые не понимают афоризмы, снимают сериалы.

   For those people who do not understand aphorisms, they make serials.

Задание 18. Переведите на русский язык.
Translate into Russian.

1. For the whole world, you are possibly just one person, but for that one person you are, quite possibly, the whole world.

   _____

2. Every horse thinks its own pack heaviest.

   _____

3. You are too clever for your age!

_____

4. 🎭 For a man, the only thing more expensive than his wife is: her dresses and jewelry.

_____

5. 🎭 The future is always better, but not always for us.

_____

Задание 19. **Впишите в предложения словосочетания из таблицы.**

Insert into the sentence a word combination from the table.

полезно для — useful to
вредно для — harmful to
много значить для — to mean a lot to
это для него (неё и т.д.) ничто — it is nothing to him (her and etc.)
для (него, неё и т.д.) характерно — it is characteristic of (him, her and etc.)
типично для (них, него, неё и т.д.) — it is typical of(them, him, her and etc.)
это было для него (неё и т.д.) жестоким ударом — it was a cruel blow to him (her and etc.)

1. Подруга опять опоздала на встречу? Это _____.

2. Он подарил детскому дому 20 компьютеров, и _____,
потому что он миллионер.

3. Врач сказал, что _____ здоровья больше двигаться, гулять.

4. Его мнение очень _____ меня.

5. Зачем ты так много куришь? Это _____ здоровья!

6. Маленькие дети задают много вопросов, это так _____.

ДО	TILL, UNTIL, BEFORE, AS FAR AS
Постарайся вернуться до темноты!	Try to return a little before dark!
После вечеринки мы спали до двух часов дня.	After the party, we slept until 2 p.m. in the afternoon.
Я дойду с тобой до станции.	I'll go with you as far as the station.

Задание 20. **Составьте предложения со словами, используя предлог «до».**

Compose the sentences with the given words using the preposition «до».

Образец: бегать по парку — завтрак

Каждое утро до завтрака она бегает по парку. — Every morning before breakfast, she runs around the park.

1. отпуск — конец августа

_____

2. купить билет — Петербург

_____

3. гулять — поздний вечер

_____

4. закончить проект — Новый год

_____

5. посетить музей — обед

_____

Задание 21. Слова, данные в скобках, употребите в правильной грамматической форме.
Use the words given in parentheses into the correct grammatical form.

1. Полезная фраза для знакомства: «Извините, я здесь впервые. Вы не покажете мне дорогу до (ваш дом) _____?»

A useful phrase for meeting someone: "Excuse me, I'm here for the first time. Could you by any chance show me the way to your house?"

2. Интересно, что находили женщины в мужчинах до (изобретение) _____ денег?!

I wonder what women found in men before the invention of money?!

Задание 22. Впишите в предложения словосочетания из таблицы.
Insert word combinations from the table.

до войны — before the war	до обеда — before dinner
до города — to the city	до темноты — before dark
до конца — to the end	до неузнаваемости — beyond recognition

1. Фильм был скучный, и мы не стали смотреть его _____.
2. Где их семья жила _____?
3. По плану туристы _____ посетят крепость.
4. Мы два часа добирались _____.
5. Визажист изменил моё лицо _____.
6. Мы работали в саду _____.

Задание 23. Замените сложные предложения простыми.
Replace compound sentences with simple one.

Образец: Родители не сидели дома **до того, как купили телевизор.** (покупка)
Родители не сидели дома **до покупки телевизора.**
My parents did not stay at home before they bought a TV.

1. Чем он занимался **до того, как ушёл в армию?** (уход)
_____

2. Твой друг изменился, **его невозможно узнать.** (неузнаваемость)
_____

3. Надо убрать квартиру **до того, как приедут родители.** (приезд)
_____

4. Дети играли в футбол, **пока не стало темно.** (темнота)
_____

5. **До того как началась вторая лекция,** мы успели поесть в кафе. (начало)
_____

6. **До того как поезд отправится,** я ещё успею купить сигареты. (отправление)
_____

7. **До того как принять решение,** проконсультируйтесь у юриста. (принятие)
_____

8. **До того как пропала видеокассета,** мы часто давали знакомым смотреть этот фильм. (пропажа)
_____

9. Где вы работали **до того, как вы пришли в нашу фирму?** (приход)
_____

10. Это было ещё **до того, как продали дом.** (продажа)
_____

Задание 24. Переведите на русский язык.
Translate into Russian.

1. I have to work till the end of July.
   _____

2. Is it a short way to the city?
   _____

3. He works till 7 p.m.
   _____

4. It was before the revolution.
   _____

5. I'll be busy until dinner.
   _____

6. Two minutes remained until the train's departure.
   _____

7. A daughter remains a daughter to the end of her days, but a son will be a son only until marriage.
   _____

ИЗ	FROM, OF, OUT OF, FOR
Из каких фруктов вы делаете сок для детей?	Which fruits do you make juice for the children from?
☺☺ Если у вас после кофе болят глаза, выньте из чашки ложку!	If your eyes hurt after drinking coffee, remove the spoon from the cup!
☺☺ Он жил на диете из кофе, сигарет и ногтей.	He lived on a diet of coffee, cigarettes, and fingernails.

Задание 25. Ответьте на вопросы, используя предлог «из».
Answer the questions using the preposition «из».

1. Откуда вы вернулись домой так поздно? — Why did you return home so late?
   _____

2. Откуда эта фраза? — Where is this phrase from?
   _____

3. Откуда вы узнали о политическом скандале? — Where did you find out about the political scandal?
   _____

4. Из чего сделана эта красивая ваза? — What is this nice vase made of?
   _____

5. Откуда у вас такой необычный сувенир? — Where did you get such an unusual souvenir?
   _____

6. Откуда была украдена эта картина? — Where was this picture stolen from?
   _____

7. Из чего известный итальянский скульптор сделал статую Давида? — What did the famous Italian sculptor make the statue of David from?
   _____

Задание 26. Слова, данные в скобках, употребите в правильной грамматической форме.
Use the words given in parentheses into the correct grammatical form.

1. Нет такого вопроса, из (который) _____ нельзя было бы сделать проблему.

   There is no question from which one cannot make a problem!

2. Из (все мои родственники) _____ _____я больше всего люблю себя!

   I like myself best of all my relatives!

3. Любая очередь движется быстрее, если вы из (она) _____ вышли.

   Any line moves faster once you have come out of it.

4. Пиво из (бочка) _____ вкуснее, чем из банки, но его дольше пить.

   Beer from the barrel is better tasting than from a can, but you have to drink it longer.

5. Из (все участники) _____ пикника самое большое удовольствие получает тот, кто не смог на него приехать.

   Of all the participants in a picnic, the one who receives the most pleasure is he, who was unable to come.

6. Если иллюзионист достаёт из (своя шляпа) _____ кролика — это фокус. Если женщина сразу достаёт из (своя сумочка) _____ ту вещь, которая ей нужна, — это чудо.

   If an illusionist pulls a rabbit out of his hat, it's a trick. If a woman obtains a necessary item from her purse right away, it's a miracle.

7. Из (все автомобильные аксессуары) _____ _____ самый необходимый — это бумажник.

   Of all automobile accessories, the most necessary is the billfold (wallet).

8. Из (два зла) _____ мужчины обычно выбирают со светлыми волосами.

   Of two evils, men usually select the one with light hair.

9. Один директор фирмы спрашивает директора другой фирмы:
   — Сколько человек работает в вашей фирме?
   — Примерно один из (десять) _____.

   The director of one company is asking the director of another company, "How many people work in your company?"
   "About one out of ten!"

Задание 27. Переведите на русский язык.
Translate into Russian.

1. Chance is what has fallen from the hands of fate.

   _____

2. Two wrongs do not make a right.

   _____

3. The author creates plots from life.

   _____

4. You cannot get blood out of a stone.

   _____

ЗАПОМНИТЕ! В конструкциях причины предлог «из» используется с данными словами	MEMORIZE! In cause constructions, the preposition «из» is utilized with the given words
из благодарности Из благодарности они готовы были сделать для этого человека всё.	**out of / in gratitude** Out of gratitude, they were ready to do everything for this person.
из боязни Наш дедушка всегда надевает тёплые вещи из боязни простудиться.	**in fear** Our grandfather always puts on warm clothes out of fear that he will catch cold.
из вежливости Гость начал рассказывать старый, хорошо известный анекдот, но мы не перебивали его из вежливости.	**out of politeness** Our guest started to tell an old joke that we all knew, but we did not interrupt him out of politeness.
из гордости Ему было трудно, но он отказался от помощи друзей из гордости.	**out of pride** It was difficult for him, but out of pride, he refused his friends' help.
из деликатности Из деликатности сосед не напомнил мне о моём обещании пригласить его в субботу на ужин.	**out of tact, delicacy** Because he was tactful, our neighbor did not remind me of my promise to invite him over to supper on Saturday.
из жалости Я не хочу, чтобы ты делал это из жалости ко мне.	**out of compassion for, out of sympathy for** I don't want you to do this out of sympathy for me.
из зависти Люди сплетничают о ней из зависти.	**out of envy** People gossip about her out of envy.
из интереса Мой друг из интереса решил сходить на семинар по гипнозу.	**out of interest** Out of interest, my friend decided to go to the seminar on hypnosis.
из любопытства Сестра из любопытства прочитала мой дневник и была не рада узнать кое-что о себе.	**out of curiosity** My sister, out of curiosity, read through my diary, and she wasn't very happy to find out something there about herself!
из осторожности Из осторожности мать всегда проверяет, закрыта ли дверь на замок.	**out of prudence, out of care** Prudence leads mother to always check and be sure that the door is locked.

Задание 28. Слова, данные в скобках, употребите в правильной грамматической форме.
Use the words given in parentheses into the correct grammatical form.

1. Он не спал из (боязнь) _____ сказать во сне то, что думает.

   He didn't sleep for fear that he might say what he thought in his sleep!

2. Водитель:

   — Хотя я обычно выпиваю только рюмку коньяка, автоинспекторы почему-то всегда штрафуют меня.

   — Они делают это из (зависть) _____ — слишком много удовольствий сразу!

   Driver:

   "Although I usually drink only a small glass of cognac, the auto inspectors for some reason always fine me."

   "They do this out of envy. There is too much pleasure right away!"

Задание 29. Впишите в предложения словосочетания из таблицы.

    Insert word combinations from the table.

1. Они _____ готовы сделать всё для доктора, который спас их ребёнка.
2. Друг никогда не просит помочь ему _____.
3. Знакомая часто плохо говорит о людях _____.
4. Бабушка не открыла дверь незнакомцу _____.
5. Студенты пошли в новый компьютерный центр _____.
6. Мне не нравится наш сосед, но я здороваюсь с ним _____.
7. Подростки _____ решили открыть ящик, который нашли в лесу.
8. Виктор не спросил её о возрасте _____.
9. Анна взяла бездомную собаку _____.

Задание 30. Ответьте на вопросы, используя словосочетания из таблицы.

    Answer the questions using word combinations from the table.

Образец: Почему вы подарили цветы вашему врачу? — Why did you give flowers to your doctor?

    Из благодарности. — As an expression of thanks.

1. Почему в автобусе вы уступили своё место женщине с ребёнком?

   Why did you give up your seat on the bus to the woman with the child?

   _____

2. Почему коллега не поздравил вас с повышением?

   Why didn't your colleague congratulate you on your promotion?

   _____

3. Почему тётя не ходит в гости к своим друзьям, у которых есть крокодил?

   Why didn't aunt visit her friends who have the crocodile?

   _____

4. Почему она любит спрашивать обо всех ваших знакомых?

   Why does she like to ask about all your acquaintances?

   _____

5. Почему вы дали деньги этой старушке? — Why did you give money to this old woman?

   _____

6. Почему вы не скажете своей подруге, что ей не идёт новое платье?

   Why won't you tell your girlfriend that her new dress doesn't look very good?

   _____

7. Почему он отказался от её помощи? — Why did he refuse help from her?

   _____

ЗАПОМНИТЕ! В конструкциях причины предлог «из» используется с данными словами.	MEMORIZE! In cause constructions, the preposition «из» is utilized with the given words.
из принципа Это не входит в мои обязанности, поэтому я из принципа не буду делать этого.	**on principle, out of principle** This is not a part of my job description. Therefore, as a matter of principle, I won't do it!
из ревности Все говорят, что он это сделал из ревности.	**out of jealousy** Everybody says that he did it out of jealousy.
из самолюбия Он знал, что был виноват, но не извинился перед ней из самолюбия.	**out of ambition, out of self-esteem** He knew that it was his fault, but he didn't tell her he was sorry because of pride.
из скромности Он писал неплохие стихи, но из скромности никому не говорил об этом.	**out of modesty** He wrote pretty good poetry, but he didn't tell anyone about it out of modesty.
из уважения Я сделаю это только из уважения к вам.	**out of respect** I'll only do this out of respect for you.
из упрямства Ребёнок из упрямства делал то, что ему не разрешали.	**out of obstinacy, stubbornness** Because he was obstinate the child what, he wasn't supposed to do.

Задание 31. **Впишите в предложения словосочетания из таблицы.**
Insert word combinations from the table.

1. Сестра не любит говорить о своих успехах _____.
2. Сергей не стал спорить с дедом _____.
3. Алексей часто устраивал жене скандалы _____.
4. Я не буду убирать вместо тебя твою комнату _____.
5. Брат никогда не просит прощения _____.
6. Ребёнок не хочет чистить зубы _____.

Задание 32. **Ответьте на вопросы, используя словосочетания из таблицы.**
Answer the questions using word combinations from the table.

1. Почему сын не послушался отца? — Why didn't the son obey his father?

_____

2. Почему она никогда не признаёт свои ошибки? — Why does she never acknowledge his mistakes?

_____

3. Почему друг не сказал своей девушке, что он снялся в фильме известного режиссёра?
Why didn't your friend tell his girlfriend that he was in a film of a well known director?

_____

4. Почему жена не знакомит мужа со своими подругами? — Why didn't the wife introduce her friends to her husband?

_____

5. Почему он не хочет помогать ленивому коллеге? — Why doesn't he want to help his lazy colleague?

_____

ОБРАТИТЕ ВНИМАНИЕ
НА ОСОБЕННОСТИ УПОТРЕБЛЕНИЯ ДАННЫХ ПРЕДЛОГОВ!
PAY ATTENTION TO THE PARTICULAR WAYS IN WHICH THE GIVEN PREPOSITIONS ARE USED!

ИЗ-ЗА	BECAUSE OF, FROM BEHIND	ВВИДУ	IN VIEW OF, OWING TO
Предлог «из-за» употребляется при указании причины, лица или предмета, являющегося причиной того, что произошло, происходит или произойдёт.	*The preposition «ввиду» is used when indicating a cause, a person or object which is the reason for that which occurred, is occurring, or will occur.*	*Предлог «ввиду» употребляется в официально-деловом стиле речи при указании причины, а не лица и предмета, являющегося причиной того, что произошло, происходит или произойдёт.*	*The preposition «ввиду» is used in the official business style of speech when indicating a cause and not a person or object which is the reason for that which occurred, is occurring, or will occur.*
Я из-за тебя уже опаздываю. Мать очень расстроилась из-за дочери. Компаньоны поссорились из-за денег?	Because of you, I am already late. The mother was very upset because of her daughter. Did the companions quarrel over money?	—	
Концерта не будет из-за болезни музыканта.	Because of the musician's illness, the concert will not take place.	Концерт не состоится ввиду болезни музыканта.	

Задание 33. Слова, данные в скобках, употребите в правильной грамматической форме.
Use the words given in parentheses into the correct grammatical form.

1. Если актёр женится на актрисе, начинаются скандалы из-за (зеркало) _____.

   If an actor marries an actress, a scandal begins over the mirror.

2. Много подвигов совершалось ввиду (отсутствие) _____ альтернатив.

   Many a feat has been accomplished due to the absence of alternatives.

3. Жить будущим невыгодно из-за (инфляция) _____.

   Living in the future is not very profitable because of inflation!

4. Смотрите! Птицы дерутся, как актрисы из-за (роль) _____.

   Look! Birds fight like actresses because of a role.

5. О вкусах не спорят: из-за (они) _____ ругаются.

   People do not argue about various tastes; they curse each other because of them.

6. Мужчина бросает женщину из-за (другая женщина) _____, женщина бросает мужчину из-за (он сам) _____.

   A man abandons a woman because of another woman; a woman abandons a man because of the man himself.

Задание 34. **Ответьте на вопросы.**

Answer the questions.

1. Из-за чего вы не пошли на вечеринку? — Why didn't you go to the party? (What caused you not to go?)

_____

2. Из-за чего Михаил уволился из фирмы? — What caused Mikhail to leave his firm?

_____

3. Из-за чего поссорились друзья? — Why did the friends quarrel? (What caused it?)

_____

4. Из-за чего они не поехали отдыхать на море? — Why didn't they go on vacation to the sea? (What caused this?)

_____

5. Из-за чего спортсменка не участвовала в соревнованиях? — Why didn't the sportswoman take part in the competitions?

_____

6. Из-за чего сегодня дети не играли в футбол? — Why didn't the children play football today? (What caused this to happen?)

_____

ИЗ-ЗА	FROM BEHIND
Мы так объелись, что с трудом встали из-за стола.	We overate so much that we got up from the table with difficulty.
Из-за угла дома выскочила огромная собака.	A huge dog jumped out from behind the corner of the building.

Задание 35. **Переведите на русский язык.**

Translate into Russian.

1. Having finished playing, the child stood up from behind the grand piano, giggled, bowed.

_____

2. The sun appeared from behind the clouds.

_____

3. Why did she divorce her husband? (What was the reason for this?)

_____

4. Take off of the plane was held up because of bad weather.

_____

5. The student left class because of a headache.

_____

ИЗ-ПОД	FROM UNDER, FROM BENEATH
1. Достань, пожалуйста, коробку из-под кровати.	Get the box from under the bed, pleese.
2. Его друзья приехали из-под Москвы.	His friends came from near Moscow.
3. В коробке из-под печенья были деньги и драгоценности.	In the pastry box there were money and valuables.
Из-под чего эта банка?	What's in this jar?
Банка из-под варенья и т.д.	A jam jar, etc.

PREPOSITIONS

Задание 36. Слова, данные в скобках, употребите в правильной грамматической форме.
Use the words given in parentheses into the correct grammatical form.

1. Эксперимент вышел из-под (контроль) _____ учёных.

The scientists lost control of the experiment.

2. В железной коробке из-под (печенье) _____ лежали старые деньги.

There was old money in the tin pastry box.

3. Из-под (куст) _____ выскочил заяц.

A jack rabbit jumped out from under a bush.

4. Вазы не было, поэтому мы поставили цветы в банку из-под (варенье) _____ .

There was no vase; therefore, we put the flowers in a jam jar.

5. Из-под (снег) _____ показались первые цветы.

Light-blue flowers peeped from under the snow.

6. 🎭 Четвёртая часть этой территории покрыта лесами, а остальная часть — бутылками из-под (пиво) _____ .

One quarter of this territory is covered with forests, and the rest with beer bottles.

7. 🎭 О боже! Чьи это грязные ноги торчат из-под (одеяло) _____ ?

Good Heavens! Whose dirty feet are sticking out from under the blanket?

ОБРАТИТЕ ВНИМАНИЕ НА ОСОБЕННОСТИ УПОТРЕБЛЕНИЯ ПРЕДЛОГА!
PAY ATTENTION TO THE PARTICULAR WAYS IN WHICH THE GIVEN PREPOSITION IS USED!

КРОМЕ	EXCEPT
Он принёс всё, кроме шампанского. (= Он не принёс шампанское.) Кроме зарплаты мы ничего не будем получать. (= Мы будем получать только зарплату.)	He brought everything except the champagne. Aside from our salary, we won't receive anything.
КРОМЕ = ПОМИМО	**BESIDES, IN ADDITION TO**
Кроме (= помимо) всего, он принёс шампанское. (= Он принёс всё + шампанское.) Кроме (= помимо) зарплаты мы будем получать премию. (Мы будем получать зарплату + премию.)	In addition to fruits, he brought a bottle of champagne. In addition to our regular pay, we'll get bonuses.

Задание 37. Слова, данные в скобках, употребите в правильной грамматической форме. 🎭
Use the words given in parentheses into the correct grammatical form.

1. Табличка у входа в дом: «Здесь все — вегетарианцы, кроме (бульдог) _____ ».

A sign at the entrance of a home, "Here everyone is a vegetarian except the bulldog".

2. Дипломат может ответить на любой вопрос, кроме (один) _____ : «Да или нет?»

A diplomat is able to answer any question except one, "Yes or no?"

3. Как воспитывать детей знают все, кроме (те) _____ , у кого они есть.

Everybody knows how to raise children except the people that have them.

4. В гипермаркете можно найти всё, кроме (жена) _____ , с которой я пришёл.

In a huge supermarket, it's possible to find everything except my wife with whom I came in.

108

5. Страхование защитит вас от любой проблемы, кроме (визит) _____ страхового агента.

Insurance will defend you from any problem except a visit from the insurance agent.

6. Пожелание: «Счастливого Рождества всем моим друзьям, кроме (некоторые) _____ _____ !»

My wish: "Merry Christmas to all my friends except a few!"

Задание 38. **Слова, данные в скобках, употребите в правильной грамматической форме.**
Use the words given in parentheses into the correct grammatical form.

1. Любовное письмо кажется смешным всем, кроме (отправитель и адресат) _____ _____.

A love letter seems funny to everyone except the sender and the addressee.

2. Правда, что мужчина может простить женщине всё, кроме (превосходство) _____ в уме?

Is it true that a man may forgive everything in a woman except a superior mind?

3. Все жанры хороши, кроме (скучный) _____.

All genres are good except a boring one.

4. Как вылечить простуду, знают все, кроме (ваш врач) _____.

Everyone knows how to cure a cold except your physician.

Задание 39. **Составьте предложения, используя предлог «кроме».**
Compose the sentences using the preposition «кроме».

Образец: любое мясо — сало

Гость сказал, что он ест любое мясо, **кроме сала.** (= сало не ест)

The guest said that he eats any meat except the pork fat.

гольф — бейсбол

Кроме гольфа, он ещё очень любит бейсбол. (= любит гольф и бейсбол)

In addition to golf, he likes baseball very much also.

1. орехи — мёд _____

_____

2. любой костюм — фрак _____

_____

3. все дни — выходные _____

_____

4. картины — скульптуры _____

_____

5. разные соборы — Исаакиевский собор _____

_____

6. гитара — скрипка _____

_____

Задание 40. **Переведите на русский язык.**
Translate into Russian.

1. In a keyhole, you can see everything except yourself.

   _____

2. Movie heroines never take a bath except for when they are waiting for a lover or a maniac.

   _____

3. I wouldn't change anything in this town except the weather.

   _____

МИМО	PAST, BY
Она прошла мимо меня, не сказав ни слова. Друзья проехали мимо музея. 🎭 Нельзя аккуратно сесть мимо стула.	She walked by me without saying a word. Friends drove past the museum. One cannot accurately sit down and miss a chair!

Задание 41. **Слова, данные в скобках, употребите в правильной грамматической форме.**
Use the words given in parentheses into the correct grammatical form.

1. Когда друзья проходили мимо (театральная касса) _____, они решили купить билеты на балет.

   When our friends were passing by the theatre box office, they decided to buy tickets to the ballet.

2. По дороге в цирк мы прошли мимо (красивые здания, известный музей, церковь) _____
   _____.

   On the way to the circus we passed by beautiful buildings, a famous museum and a church.

Задание 42. **Ответьте на вопросы.**
Answer the questions.

1. Мимо чего вы не можете проходить равнодушно? — What is it that one cannot just pass by indifferently?

   _____

2. Мимо каких интересных мест вы проезжали или проплывали? — Which interesting places have you driven or sailed past?

   _____

3. Мимо чего пролетел мяч? — What did the ball fly past?

   _____

Задание 43. **Переведите на русский язык.**
Translate into Russian.

1. The boys ran past the ticket collector.

   _____

2. The bird flew past our cat.

   _____

3. The postman passed my house.

   _____

4. When I drive to work, I always pass the new greenhouse.

   _____

5. We went past the Zoo.

   _____

НАКАНУНЕ	THE DAY BEFORE, JUST BEFORE, SHORTLY BEFORE
Друзья позвонили нам накануне своего приезда.	Our friends called us the day before their arrival.

Задание 44. Слова, данные в скобках, употребите в правильной грамматической форме.
Use the words given in parentheses into the correct grammatical form.

1. Артисты очень волновались накануне (премьера) _____.

   The artists were very nervous on the evening before their premiere.

2. Футболисты много тренировались накануне (чемпионат) _____.

   The footballers have done a lot of practicing just before championship.

3. Мы были очень заняты накануне (свадьба) _____.

   We were very busy on the evening before our wedding.

4. Она купила новое платье накануне (свой день рождения)_____.

   She bought a new dress just before her birthday.

5. Накануне (Рождество) _____ родители купят детям подарки.

   On Christmas eve, the parents bought presents for their children.

Задание 45. Ответьте на вопросы, используя предлог «накануне».
Answer the questions using the preposition «накануне».

1. Когда вы купили большой чемодан? — When did you buy the big suitcase?

   _____

2. Когда охотники не кормят собак? — When do hunters not feed their dogs?

   _____

3. Когда отец принёс домой ёлку? — When did father bring home a Christmas tree?

   _____

Задание 46. Переведите на русский язык.
Translate into Russian.

1. Our grandmother arrived on the eve of Easter.

   _____

2. We were studying hard the evening before our exam.

   _____

3. She cleaned her flat just before the holiday.

   _____

ОБРАТИТЕ ВНИМАНИЕ
НА ОСОБЕННОСТИ УПОТРЕБЛЕНИЯ ДАННЫХ ПРЕДЛОГОВ!
PAY ATTENTION TO THE PARTICULAR WAYS IN WHICH THE GIVEN PREPOSITIONS ARE USED!

ОКОЛО	NEAR, CLOSE TO, NEXT TO, BY, NOT FAR FROM, ABOUT	ВОЗЛЕ	BY, NEAR, BESIDE, NEXT TO
1. Мы встретились **около (= возле)** книжного магазина.	We met near the book store.	1. Отец сидел в кресле, а **возле (= около)** его ног спала собака.	Dad was sitting in a chair; the dog slept near his feet.
2. На вечеринке будет около пятнадцати человек. 3. Сейчас около шести. 4. За неделю мы съели около килограмма мёда.	There will be about 15 people at the party. It's about six now. In a week, we ate almost a kilogram of honey.	—	

Задание 47. Слова, данные в скобках, употребите в правильной грамматической форме.
Use the words given in parentheses into the correct grammatical form.

1. С лекций брат вернулся около (три часа) _____
_____.
My brother returned from the lecture at about 3 o'clock.

2. Они ждали нас возле (фонтан) _____.
They waited for us beside the fountain.

3. Автобус остановился около (дворец) _____.
The bus stopped near the palace.

4. Он купил около (четыре килограмма) _____ картошки.
He bought about four kilograms of potatoes.

5. Музыканты встретились возле (филармония) _____.
Musicians met near (beside) the Philharmonic.

6. Ей около (сорок) _____, но она не говорит, с какой стороны.
She is around 40, but she doesn't say on which side.

Задание 48. Ответьте на вопросы, используя предлог «около».
Answer the questions using the preposition «около».

1. Когда (во сколько) вы вернулись с дискотеки? — What time did you return from the disco at?
_____

2. Сколько денег вы потратили в ресторане? — How much money did you spend in the restaurant?
_____

3. Где вы договорились встретиться с друзьями? — Where did you agree to meet your friends?
_____

4. Как вы думаете, сколько лет вашему любимому актёру? — What do you think, how old is your favorite actor?
_____

5. Вы вчера долго смотрели телевизор? — Did you watch TV for a long time yesterday?
_____

Задание 49. Переведите на русский язык.
Translate into Russian.

1. She translated the novel for about two months.
_____

2. Our professor lives near the university.
_____

3. He had nearly two thousand dollars.
_____

4. She came here about one hour ago.
_____

5. I'll be home just before eight o'clock.
_____

ОТ	FROM, WITH, FOR, OF, OFF
Где крышка от коробки?	Where is the lid of a box?
От моего дома до аэропорта далеко.	It is far from my house to the airport.
Тебе надо принять это лекарство от боли.	You have to take this medicine for pain.
У него есть ребёнок от первой жены.	He has a child by his first wife.
Я узнал об этом от отца.	I found out about it from my father.
От всей души желаю тебе счастья, здоровья, успехов!	From the bottom of my heart, I wish you happiness, health, and success!
😊 Это симпатичное лицо у неё от отца, хирурга-косметолога.	She got her sympathetic face from her father, a surgeon-cosmetologist.
😊 Если вы хотите, чтобы ваша романтическая встреча стала незабываемой, купите таблетки от склероза!	If you want your romantic meeting to be unforgettable, buy some tablets for sclerosis!
😊 Будущее нации зависит не от количества автомобилей, а от количества детских колясок.	The future of the nation depends not on the number of automobiles but on the number of baby carriages.

Задание 50. Слова, данные в скобках, употребите в правильной грамматической форме.
Use the words given in parentheses into the correct grammatical form.

1. Лучшее средство от (бессонница) _____ — утро понедельника.

The best treatment for insomnia is a Monday morning.

2. Лучшее лекарство от (иллюзия) _____ — это взгляд в зеркало.

The best medicine for illusion is a glance in the mirror.

3. Рыцарь всегда готов защищать женщину от (все мужчины) _____, кроме себя самого.

A knight is always ready to defend his lady from all men except himself.

4. Честную критику трудно выслушивать, особенно от (родные, знакомые, друзья и чужие) _____.

Honest criticism is difficult to hear, especially from blood relatives, acquaintances, friends, and stangers.

5. Ключи от (счастье) _____были у соседки.

The keys to happiness were with the neighbor lady!

6. Лекарство от (скука) _____— любопытство. Но лекарства от (любопытство) _____ нет.

The medicine for boredom is curiosity. There is no medicine for curiosity.

113

7. Когда мужчина отдаёт вам ключ от (своё сердце) _____ , он сразу начинает думать о смене замка.

When a man gives you the key to his heart, he immediately begins to think about changing the lock.

8. От (любовный огонь) _____ _____ порой остаётся зола дружбы.

From once fiery love, there remain the ashes of friendship.

9. Лучшее средство от (облысение) _____ — шляпа.

The best remedy for balding is a hat!

10. Иногда студентам надо отдыхать от (безделье) _____.

Sometimes, students must rest from idleness.

Задание 51. **Ответьте на вопросы.**
Answer the questions.

1. От чего вы получаете удовольствие? — What gives you pleasure?
_____

2. Что для вас является лекарством от скуки? — What is medicine for boredom for you?
_____

3. Вы отказывались от чего-нибудь в своей жизни? — Have you refused anything in your life?
_____

4. От чего вы хотели бы избавиться? — What do you wish to rid yourself of?
_____

Задание 52. **Переведите на русский язык.**
Translate into Russian.

1. It is easier to abandon great ideas than petty habits.
_____

2. It is a letter from our boss.
_____

3. Do you have something for a cough?
_____

4. I have lost the button off an overcoat.
_____

5. He came from a friend's place.
_____

6. How many kilometers are there from this village to the sea?
_____

7. The daughter lost the key to her apartment.
_____

8. She grew pale at these words.
_____

9. The road was wet from the rain.
_____

10. Something went wrong with his stomach from some dirty water.
_____

11. We got tired of our work.
_____

Задание 53. **Слова, данные в скобках, употребите в правильной грамматической форме.**
Use the words given in parentheses into the correct grammatical form.

1. От (судьба) _____ не уйдёшь.
There's no escaping fate.

2. Если подсудимый отказался от (адвокат) _____, значит, он решил говорить правду.
If a defendant has refused an attorney, this means that he has decided to tell the truth.

3. Они укрылись от (дождь) _____ под деревом.
They took shelter from the rain under a tree.

4. Это газета от (третье) _____ мая.
This is a newspaper from the third of May.

5. Он ушёл от (жена) _____.
He left his wife.

Задание 54. **Слова, данные в скобках, употребите в правильной грамматической форме.**
Use the words given in parentheses into the correct grammatical form.

1. Иногда даже от (самый лучший друг) _____ пользы не больше, чем от (родственник) _____.
Sometimes, even from a very best friend, there is no more benefit than from a relative.

2. Всё плохое у ребёнка — от (другой родитель) _____.
A child received Everything bad from the other parent.

3. Тёплые отношения остывают от (горячие просьбы) _____.
Warm relations cool down from heated requests.

4. Обидно, когда твоя мысль уходит от (ты) _____ с другим.
It is offensive when your thought comes out of the mouth of another.

5. Брак — это лучшее лекарство от (любовь) _____.
Marriage is the best medicine for love.

6. Он решил уйти от (действительность) _____ в правительство.
He decided to depart from reality and go into government service.

7. Пиво — самое популярное из всех средств, которые не помогают от (простуда) _____.
Beer is the most popular of all means that do not help a cold.

8. Терпение — это средство от (всякая боль) _____.
Patience is a remedy for any pain.

ЗАПОМНИТЕ! В конструкциях причины предлог «от» используется с данными словами.	MEMORIZE! In cause constructions, the preposition «от» is utilized with the given words.
от боли Во время танца партнёр наступил ей на ногу, и она вскрикнула от боли.	**with / for pain** During the dance, her partner stepped on her foot, and she screamed with pain.
от волнения От волнения студент часто ошибался на экзамене. Она побледнела от волнения. От волнения я забыл слова песни.	**from / with excitement, because of nervousness** From excitement, the student often made mistakes on the exam. She was pale with excitement. Because of nervousness, I forgot the words to the song.
от восторга Узнав об этом, дети закричали и запрыгали от восторга.	**from delight, rapture** When the children heard about this, they started shouting and jumping from delight.
от голода Собака совсем отощала от голода.	**of / from hunger** The dog had completely wasted away from hunger.
от горя Её муж поседел от горя.	**with / from grief** Her husband turned grey from grief.
от злости Скорпион кусает не от злости: у него такая натура. От злости он порвал её фотографию.	**out of malice, anger, hatred** A scorpion does not bite out of malice; that is just its nature. In anger, he ripped up her photo.
от мороза Мой нос от мороза покраснел, как у Деда Мороза. Мамины любимые розы чуть не погибли от мороза.	**from freezing cold** My nose turned red like Father Frost's from the freezing cold. Mama's favorite roses almost perished from the freezing cold.

Задание 55. Впишите в предложения словосочетания из таблицы.

Insert word combinations from the table.

1. Бездомный почти ничего не ел и совсем ослаб _____.
2. Выиграв в лотерею миллион, девушка закричала _____.
3. В теплице эти растения не погибнут _____.
4. Когда зубной врач коснулся больного зуба, пациент вскрикнул _____.
5. Она так рассердилась на него, что _____ готова была ударить его.

Задание 56. Ответьте на вопросы, используя предлог «от».

Answer the questions using the preposition «от».

1. Почему публика кричала и аплодировала музыканту? — Why did the public shout and applaud the musician?

_____

2. Почему перед разговором с директором фирмы сотрудник много курил?— Why did the employee smoke a lot just before a conversation with the director of the firm?

_____

3. Почему упавшая с велосипеда девочка заплакала? — Why did the girl who fell off the bicycle start crying?

4. Почему сын нагрубил родителям? — Why did the son insult his parents?

Задание 57. **Переведите на русский язык.**
Translate into Russian.

1. From fury, he absolutely loses self-control.

2. My friend sometimes stutters from agitation.

3. The injured person moaned in pain.

4. I'm dying of hunger!

5. From grief, Michael lost interest in life.

6. The captain lit up a cigarette, and I saw how his hands trembled from agitation.

ЗАПОМНИТЕ! В конструкциях причины предлог «от» используется с данными словами.	MEMORIZE! In cause constructions, the preposition «от» is utilized with the given words.
от неожиданности От неожиданности я не знал что сказать.	**with surprise; from suddenness** From sudden surprise, I didn't know what to say.
от огорчения, от обиды От обиды она решила больше не звонить подруге.	**from distress, grief, offense, grievance** From offence, she decided not to call her friend any more.
от радости Моя маленькая сестра засмеялась и захлопала в ладоши от радости.	**with joy; for joy** My little sister began to laugh and clapped her hands for joy.
от скуки Я не знал чем мне заняться и от скуки стал звонить всем знакомым.	**from sheer boredom** I didn't know what to do with myself, and so from sheer boredom, I started calling everybody I that knew.
от слабости У больного от слабости кружится голова.	**from weakness** The sick person is dizzy from weakness.
от смеха Мы чуть не лопнули от смеха.	**from laughter** We almost burst from laughter.
от смущения Он опустил глаза от смущения.	**in confusion, embarrassment** He lowered his eyes in embarrassment.

PREPOSITIONS

Задание 58. Слова, данные в скобках, употребите в правильной грамматической форме.
Use the words given in parentheses into the correct grammatical form.

1. — Слышали, от (Пётр) _____ ушла жена.
   — Как он это пережил?
   — Сейчас уже успокоился. Но сначала казалось, что он сойдёт с ума от (радость) _____.

   "Have you heard that Peter's wife left him?"
   "How did he take that?"
   "Now, he has already calmed down. But at first, it seemed like he was going to go out of his mind with joy!"

2. Из доклада нарколога.
   «Мужчина пьёт в трёх случаях:
   когда ему плохо, он пьёт от (горе) _____,
   когда ему хорошо — от (радость) _____,
   когда всё нормально — от (скука) _____».

   From an obituary.
   "A man would drink in three instances: when things were bad he would drink from sorrow;
   when things were good, he does it from joy, and when everything was normal, he does it from boredom."

Задание 59. Слова, данные в скобках, употребите в правильной грамматической форме.
Use the words given in parentheses into the correct grammatical form.

1. Больной с трудом передвигался от (слабость) _____.
2. От (неожиданность) _____ друг растерялся и не знал, что сказать в ответ.
3. Увидев козла в шляпе, мы чуть не умерли от (смех) _____.
4. Я начал заниматься этим делом не от (скука) _____, а из интереса.
5. Вы краснеете от (смущение) _____?
6. Татьяна изо всех сил старалась не заплакать от (обида) _____.

Задание 60. Впишите в предложения словосочетания из таблицы.
Insert word combinations from the table.

1. Родители не купили ребёнку игрушку, и он заплакал _____.
2. Он подарил ей букет цветов, и она покраснела _____.
3. Друг так смешно рассказывал об этом, что мы чуть не лопнули _____.
4. Когда подруге нечего делать, она _____ читает сплетни в Интернете.
5. У больной бабушки _____ кружится голова.
6. Дочь вскрикнула _____, увидев подарок, о котором давно мечтала.
7. Услышав громкий стук, няня вздрогнула _____.

Задание 61. Ответьте на вопросы, используя предлог «от».
Answer the questions using the preposition «от».

1. Почему она вдруг обняла и поцеловала вас? — Why did she suddenly give you a hug and a kiss?
   _____

2. Почему ты покраснел после комплимента? — Why did you turn red after the compliment?
   _____

3. Почему, когда я рассказывал анекдот, дедушка чуть не упал со стула? — Why did grandpa almost fall off his chair when I was telling an anecdote?
   _____

ЗАПОМНИТЕ! В конструкциях причины предлог «от» используется с данными словами	MEMORIZE! In cause constructions, the preposition «от» is utilized with the given words
от страха От страха кошка залезла под кровать.	**from fear** The cat was so frightened that it crawled under the bed.
от удара От удара стекло машины разбилось.	**of / from a blow** Something hit and smashed the windshield of the car.
от усталости От усталости он не мог даже есть.	**from weariness** He was so tired that he couldn't even eat.
от холода Мокрая собака дрожала от холода.	**with / from cold** The wet dog trembled from the cold.
от шума Можно оглохнуть от такого шума.	**from noise** One could go deaf from such noise.

Задание 62. Впишите в предложения словосочетания из таблицы.

Insert word combinations from the table.

1. На ноге был большой синяк (bruise) _____.
2. Сосед делает ремонт, и мы все ужасно устали _____.
3. Ребёнок замёрз и с трудом шевелил пальцами _____.
4. Отец уснул в кресле _____.

Задание 63. Переведите на русский язык.

Translate into Russian.

1. Her little child trembled with fear during the storm.

_____

2. 😷 A policeman questions a foreign driver,
"Were you the one who ran over the pedestrian?"
"No! What do you mean? I stopped in order to let him cross the road, and that Russian man was so surprised that he fainted."

_____
_____
_____
_____

ПОСЛЕ	AFTER
Мы вернулись домой после двенадцати. После концерта они гуляли по городу.	We returned home after twelve. After the concert, they walked through the town.

Задание 64. Слова, данные в скобках, употребите в правильной грамматической форме.

Use the words given in parentheses into the correct grammatical form.

1. После (выборы) _____ и после (свадьба) _____ человек редко получает то, что хотел.

After elections and after a wedding, a person rarely receives what he wanted.

2. Во время поездки в Шотландию турист посетил озеро Лох-Несс в надежде увидеть чудовище.
   — Когда можно увидеть этого монстра? — спросил он у гида.
   — Чаще всего после (шестой стакан) _____ виски, сэр!

During a trip to Scotland, a tourist visited Lake Loch-Ness with the hope of seeing the monster.
"When can one see this monster?" he asked the guide.
"Most often after the sixth glass of whiskey, sir!"

3. После (уход) _____ жены от меня, в моей душе была такая пустота, что я съел целую кастрюлю супа у своей подружки.

After my wife left me, there was such emptiness in my soul that I ate a whole pot of soup at my girlfriend's.

4. После (выигрыш) _____ дела адвокат говорит клиенту: «Мы выиграли», — после (проигрыш) _____: «Вы проиграли».

After winning a case, an attorney says to his client, "We have won!" After a defeat, he says, "You have lost!"

5. Зануда — это тот, кто после (ваш анекдот) _____ рассказывает свой анекдот лучше вашего.

A bore is one who, after your anecdote, tells his own, a better one than yours.

Задание 65. **Ответьте на вопросы.**
Answer the questions.

1. После чего студентам трудно вставать? — What is difficult for the students to get up after?

_____

2. После чего ваше настроение особенно улучшается? — What is your mood especially improved after?

_____

3. Как вы думаете, когда (= после чего) ваша жизнь может измениться? — What do you think? When might your life change?

_____

4. После чего люди мирятся? — What do people reconcile after?

_____

5. После чего очень хочется пить? — What does one really feel like drinking after?

_____

6. Когда (после чего) спортсмены очень устают? — When do sportsmen tire out?

_____

Задание 66. **Переведите на русский язык.**
Translate into Russian.

1. I will take a shower after my training.

_____

2. What did you do after your classes?

_____

3. Let's go to the cafe after the exhibition!

_____

4. 🎭 There is life after the wedding!

_____

ПРОТИВ	AGAINST
Мы против этого предложения.	We are against the proposal.
Я не советую тебе плыть против течения.	I don't advise you to swim against the current.
Никто из них не был против таких больших денег.	Not one of them was against such big money.

Задание 67. **Слова, данные в скобках, употребите в правильной грамматической форме.**
Use the words given in parentheses into the correct grammatical form.

1. Робость — величайший грех против (любовь) _____.

   Timidity is the greatest sin against love.

2. Лучше играть против (хитрый) _____, чем против (удачливый) _____.

   It's better to play against a clever person than against a lucky one.

3. 🎭 Я против (миллионеры) _____, но я не против того, чтобы им стать.

   I am opposed to millionaires, but I am not opposed to becoming one.

4. 🎭 Перемирие между кошкой и собакой — это временный союз против (повар) _____.

   A truce between a cat and a dog is a temporary alliance against a chef.

Задание 68. **Составьте предложения, используя предлог «против».**
Compose the sentences using the preposition «против».

Образец: новый директор — эта кандидатура (this candidacy)

Я не против нового директора, но я против этой кандидатуры.

I am not against a new director, but I am against this candidacy.

религия — фанатизм

_____

Интернет — некоторые сайты

_____

комнатные цветы — сильно пахнущие растения

_____

вкусная еда — обжорство (gluttony)

_____

Задание 69. **Переведите на русский язык.**
Translate into Russian.

1. It is a stupid thing to spit against the wind.

   _____

2. We have nothing against your decision.

   _____

3. She did it against my will.

   _____

4. We are against terror.

   _____

5. Are you for or against the proposal?

   _____

РАДИ	FOR THE SAKE OF
Актёр провоцировал скандалы ради популярности.	An actor provoked a scandal for the sake of popularity.
Не вступай в брак ради денег — гораздо дешевле взять их взаймы.	Don't marry for money, it's far cheaper to borrow it.

Задание 70. **Слова, данные в скобках, употребите в правильной грамматической форме.**
Use the words given in parentheses into the correct grammatical form.

1. Он пожертвовал всем ради (карьера) _____, и теперь он один.

   He sacrificed everything for the sake of his career, and he is alone now.

2. Она согласилась это сделать только ради (семья и дети) _____.

   She agreed to do this only for the sake of her family and children.

3. Не понимаю, ради (что) _____ вы это делаете?

   I don't understand why (for what sake) are you doing this?

Задание 71. **Переведите на русский язык.**
Translate into Russian.

1. He risked his life for your sake.

   _____

2. Do it for my sake!

   _____

3. This scoundrel is capable of anything for the sake of money.

   _____

4. They did everything for the sake of victory.

   _____

5. We have to do that for the sake of peace on Earth.

   _____

ОБРАТИТЕ ВНИМАНИЕ
НА ОСОБЕННОСТИ УПОТРЕБЛЕНИЯ ДАННЫХ ПРЕДЛОГОВ!
PAY ATTENTION TO THE PARTICULAR WAYS IN WHICH THE GIVEN PREPOSITIONS ARE USED!

ПОСРЕДИ	IN THE MIDDLE OF	СРЕДИ	AMONG, AMONGST
Почему вы остановились посреди дороги?	Why did you stop in the middle of the road?	Лев выделяется среди животных своей силой. Я проснулся среди ночи от какого-то шума.	The lion stands out among animals for its strength. I woke up in the middle of the night from some kind of noise.

Задание 72. **Слова, данные в скобках, употребите в правильной грамматической форме.**
Use the words given in parentheses into the correct grammatical form.

1. У антиквара среди (другие вещи) _____ мы увидели небольшую картину.

   We caught sight of a small painting in the midst of other things at an antique dealer's.

2. Посреди (площадь) _____ находится большой фонтан.

A large fountain is located in the middle of the square.

3. Эта музыкальная группа популярна среди (молодёжь) _____ .

This musical group is popular among young people.

4. Он всегда был лидером среди (парни) _____.

He always was a leader among young men.

5.  Среди (люди) _____ больше копий, чем оригиналов.

Among people, there are more copies than originals.

6. Люди иногда напоминают вулканы: среди (они) _____ тоже есть действующие.

People sometimes remind one of volcanoes: among them, there are also some active ones!

7. Среди (гнилые яблоки) _____ _____ выбор небольшой.

There is small choice in rotten apples.

8. Аукцион — это соревнование среди (кошельки) _____ за право быть пустым.

An auction is a competition between coin purses for the right to be empty!

Задание 73. Придумайте свои предложения, используя предлоги «посреди» и «среди».
Compose your own sentences using the prepositions «посреди» and «среди».

1. _____
2. _____
3. _____

Задание 74. Переведите на русский язык.
Translate into Russian.

1. We found the mushrooms among some dry leaves.

_____

2. There are many women among the delegates to the conference.

_____

3. The child awoke in the middle of the night and started crying.

_____

4. Everyone wants to live among people but without neighbors.

_____

У	AT, BY, NEAR
1. **у кого есть/ было/ будет (что? кто?)**	
У вас уже есть билет?	Do you already have your ticket?
У меня к вам небольшое дело.	I have a little matter to talk over with you.
Что у вас в чемодане?	What do you have in the suitcase?
у кого нет/не было /не будет (чего? кого?)	
У меня нет времени.	I have no time.
У них не будет проблем.	They will have no problems.
2. Я видел такую же куртку у моего друга.	I saw a jacket just like that at my friend's.
Он попросил у сестры книгу.	He asked his sister for a book.
У кого ты взял (вы взяли) эту книгу?	From whom did you get this book?
Она собирается остановиться у друзей.	She is planning to stay with her friends.
Он живёт у брата.	He's staying at his brother's house.
Она будет ночевать у нас.	She's going to spend the night at our place.
Мы были у него.	We were at his place.
Я чувствую у вас как у себя дома.	I feel at home at your place.
У меня болит зуб.	I have a tooth ache.
Какая она у вас молодец!	What a great job your girl is doing!
У кого вы учитесь?	Who's your teacher?
Рояль находится (стоит) у него в комнате.	The grand piano is in his room.
Что у вас нового?	What's new with you?
3. Сядем у окна!	Let's sit by the window!
Я буду ждать вас у входа.	I'll wait for you at the entrance.
4. У стула сломаны две ножки.	This chair has two broken legs.
5. У власти был тогда Черчилль.	Churchill was then in power.

Задание 75. Слова, данные в скобках, употребите в правильной грамматической форме.
Use the words given in parentheses into the correct grammatical form.

1. Дождь идёт для (все) _____ , у (кто) _____ нет зонта.

   It rains on everyone who doesn't have an umbrella!

2. У (мыши и коты) _____ разное чувство юмора.

   The sense of humor of cats and mice differs.

3. У (он) _____ была ужасная память: он помнил всё!

   He had a terrible memory; he remembered everything.

4. У (собаки) _____ есть хозяева, у (кошки) _____ — прислуга.

   Dogs have masters; cats have servants.

5. Если мужчина спрашивает у (кто-нибудь) _____ совета, то, скорее всего, он не женат.

   If a man asks someone's advice, it is most likely that he is not married.

6. У (гость) _____ всегда больше времени, чем у (хозяин) _____ .

   The guest always has more time than the host.

7. У (человек) _____ столько репутаций, сколько у (он) _____ знакомых.

   A person has as many reputations as he has acquaintances.

8. У (успех) _____ много друзей.

   Success has many friends.

Задание 76. **Ответьте на вопросы, используя предлог «у».**
Answer the questions using the preposition «у».

1. У каких животных нет ног? — Which animals do not have legs?

   _____

2. У кого вы с удовольствием взяли бы автограф? — Whose autograph would it give you great pleasure to get?

   _____

3. У кого рыжие волосы, красный нос и улыбка до ушей? — Who is redheaded with a red nose and smile to his ears?

   _____

4. У каких цветов приятный запах? — Which flowers have a pleasant fragrance?

   _____

5. У кого много денег? — Who has a lot of money?

   _____

6. У кого можно получить юридическую консультацию? — Who may receive a legal consultation?

   _____

7. У кого покупатель забыл взять сдачу? — Whose customer forgot to take his change?

   _____

8. У кого на улице вы спрашивали дорогу? — Who was it you asked the way somewhere on the street?

   _____

9. У кого плохой характер? — Whose character is poor?

   _____

Задание 77. **Переведите на русский язык.**
Translate into Russian.

1. She has three children and fortunately only one husband.

   _____

2. If you have children, there's already nothing more to have.

   _____

3. He borrowed ninety dollars from me, and he avoided me from that moment on.

   _____

4. Ask a policeman the way!

   _____

5. I had my watch stolen.

   _____

6. She is relaxing at her sister's place in the country.

   _____

7. My dentist has a toothache.

   _____

8. We bought the house from our greedy uncle.

   _____

9. His friend was sitting by the fire drinking red vine.

   _____

5.1.2. УПОТРЕБЛЕНИЕ ПРЕДЛОГОВ С ДАТЕЛЬНЫМ ПАДЕЖОМ (ПАДЕЖ № 3) PREPOSITIONS USED WITH THE DATIVE CASE

БЛАГОДАРЯ	THANKS TO
Мы сняли этот фильм благодаря спонсорам. 🎭 Я знаю, что ничего не знаю, только благодаря высшему образованию.	We made this film thanks to sponsors. I know that I don't know anything only thanks to my higher education.

Задание 78. Слова, данные в скобках, употребите в правильной грамматической форме.
Use the words given in parentheses into the correct grammatical form.

1. Мы прекрасно отдохнули на море благодаря (замечательная погода, хороший сервис, интересные экскурсии) _____ _____ _____.

We had a wonderful rest on the sea thanks to excellent weather, good service, and interesting excursions.

2. Благодаря (фантастическое везение) _____ _____ он выиграл в казино много денег.

Thanks to fantastic luck, he won a lot of money at the casino.

3. Мы доказываем при помощи логики, а открываем благодаря (интуиция) _____ .

We prove with the help of logic, but we discover thanks to intuition.

4. Благодаря (ваша помощь) _____ _____ мы решили эту проблему.

Thanks to your help, we solved this problem.

5. Мой друг получил работу в банке благодаря (своя высокая квалификация) _____ _____.

My friend got a job in a bank owing to his high qualification.

6. 🎭 Благодаря (автострады) _____ можно проехать страну из конца в конец и ничего не увидеть.

Thanks to freeways, it is possible to drive across a country from one end to the other and see nothing.

7. 🎭 Мы сэкономили много денег благодаря (друг) _____, который бросил пить.

We saved a lot of money thanks to a friend who quit drinking.

Задание 79. Ответьте на вопросы, используя предлог «благодаря».
Answer the questions using the preposition «благодаря».

1. Благодаря чему вы узнаёте много нового? — What do we have to thank for the fact that you are learning so many new things?

_____

2. Благодаря чему можно добиться успеха в жизни? — What do we have to thank for making it possible to attain success in life?

_____

3. Благодаря чему или кому у него хорошее здоровье? — What or who does he has to thank for such good health?

_____

4. Благодаря кому или чему вы решили свою проблему? — Thanks to whom or to what you were able to solve your problem?

_____

5. Благодаря чему она всегда хорошо выглядит? — What is there to thank for the fact that she always looks so good!

_____

ВОПРЕКИ	IN SPITE OF, DESPITE, CONTRARY TO
Больной продолжал курить вопреки запрету врача.	The sick person continued smoking in spite of the forbidding of his physician.

Задание 80. Слова, данные в скобках, употребите в правильной грамматической форме.
Use the words given in parentheses into the correct grammatical form.

1. Вопреки (советы) _____ друзей она пошла на ночную дискотеку.

   In spite of her friends' advice, she went off to the night disco.

2. Дождя не было вопреки (прогноз) _____ синоптиков.

   It did not rain in spite of the forecast of the weathermen.

3. Вопреки (плохое самочувствие) _____ _____ он пошёл на работу.

   In spite of feeling unwell, he went to work.

4. Вопреки (просьбы) _____ матери сын возвращался домой поздно.

   In spite of his mother's requests, he (continuously) returned home late.

5. Дочь стала фотомоделью вопреки (желание) _____ родителей.

   The daughter became a photo model in spite of her parents' wish.

К	TO, FOR, TOWARDS
😊 Путь к сердцу мужчины станет короче с помощью хорошего бифштекса. Любовь к самому себе — роман, который продолжается всю жизнь. Сомнительный комплимент: «Вы очень идёте к своему галстуку!»	The path to the heart of a man will be shorter with the help of a good steak. Love for oneself is a romance which continues one's entire life. A doubtful compliment: "You are suits very well to your tie."

Задание 81. Слова, данные в скобках, употребите в правильной грамматической форме. 😊
Use the words given in parentheses into the correct grammatical form.

1. Полезный совет. В ресторане следует просить столик поближе к (официант) _____ _____.

   Useful advice. It is necessary to request the table a bit closer to the waiter in a restaurant.

2. Если к (тёмное прошлое) _____ _____ прибавить светлое будущее, получится настоящее.

   If you add the dark past to the bright future, you get the present.

3. Пессимизм — это постоянная готовность к (будущее) _____.

   Pessimism is constant preparedness for the future.

4. Машину надо вести так, как будто опаздываешь к (зубной врач) _____ _____.

It's necessary to drive a car as if you are late to the dentist.

5. Сказки — это страшные истории, которые должны подготовить детей к (чтение) _____ газет.

Fairy tales are terrible stories which must prepare children for reading newspapers.

6. Если гора не идёт к (Магомет) _____, Магомет идёт в гарем.

If the mountain does not go to Mohamed, Mohamed goes to the harem.

Задание 82. **Переведите на русский язык.**
Translate into Russian.

1. Discontent is the first step in progress.

_____

2. They are preparing for their examination.

_____

3. I ran toward the exit.

_____

4. This was the first step toward reconciliation.

_____

5. The rain stopped toward morning.

_____

6. We will receive our money toward the end of May.

_____

7. The car drove up to the circus.

_____

8. She is going to the doctor's.

_____

9. There are keys to the exercises at the end of the book.

_____

10. I changed my attitude toward him.

_____

Задание 83. Впишите в предложения словосочетания из таблицы в правильной грамматической форме.

Insert word combinations from the table into the correct grammatical form.

возвращаться / вернуться к — to revert to, to return to

к воскресенью, к понедельнику ... и т.д. — by Sunday, Monday ... etc.

к двери — to the door

к сегодняшнему / к завтрашнему) дню — by today (tomorrow)...

дорога к — the road to, avenue to

доступ к — access to

к (своему, моему, его ...) изумлению — to (my, his ...) astonishment, amazement

к (своему, ...) большому изумлению — to (my, ...) great amazement

интерес к — interest in

к концу — by the end of; towards the end of

к лучшему — to the good; for the better

это, может быть, к лучшему — that's probably for the best

---

1. Я не хочу _____ этой неприятной истории.
2. По карте мы легко нашли _____ озеру.
3. Директор просил написать отчёт _____ .
4. Сервис в этой гостинице изменился _____ .
5. Почтальон подошёл _____ и позвонил.
6. У него нет _____ секретным материалам.
7. Она открыла конверт и, _____ , увидела чек на миллион долларов.
8. Студенты очень устали _____ учебного года.
9. Сын всегда проявлял большой _____ музыке.

Задание 84. Впишите в предложения словосочетания из таблицы.

Insert word combinations from the table.

любовь к — love for / of / to	несправедлив (-а, -ы) к — unjust to
нежность к — tenderness for	сострадание к — compassion for

---

1. _____ деньгам погубила жадину (greedy man).
2. Старушка кормит собак и кошек из _____ бездомным животным.
3. Мать всегда относилась с большой _____ своим детям.
4. Вы _____ своему коллеге, потому что он хороший работник.

Задание 85. Впишите в предложения словосочетания из таблицы.
Insert word combinations from the table.

к утру — by morning	
к полудню — by noon	
к сентябрю, к октябрю ... и т.д. — by September, October... etc.	
к началу — by the beginning of the...	
слабость к — weakness for	
способность к — ability in, aptitude /gift for	
способный к — clever at / for	
быть способным к языкам — to have a knack fort languages	
к счастью — fortunately	
к (моему, его...) удивлению — to my (his...) surprise	
к её (его...) большому удивлению — much to her (his...) surprise	

1. Всю ночь я занимался и _____ сделал все задания.
2. Родители сразу заметили у сына _____ математике.
3. _____ , никто не пострадал в этой аварии.
4. Зная её _____ сладкому, я решила подарить ей торт.
5. Мы опоздали _____ спектакля.
6. _____ , подруга пришла на встречу вовремя.
7. Они ремонтировали дом всё лето и сказали, что закончат _____.
8. В субботу _____ приехали гости.

Задание 86. Впишите в предложения словосочетания из таблицы.
Insert word combinations from the table.

обращаться — обратиться к — to apply to, to address
опаздывать — опоздать к обеду — to be late for dinner
относиться доброжелательно к — to be kind about / to
плохо относиться к — to be unkind to; to relate poorly to
переходить к — to digress into / on, to transfer, switch to
привыкать — привыкнуть к — to get accustomed, to be accustomed to

1. Я _____ официанту с просьбой принести счёт.
2. Мать просила нас не _____ .
3. Ольга развелась с мужем, потому что он _____ ней и детям.
4. А сейчас мы _____ изучению новой грамматической темы.
5. Собака ещё не _____ к новым хозяевам.
6. Наш профессор _____ всем студентам.

Задание 87. Переведите на русский язык.
Translate into Russian.

1. There is no love sincerer than the love of food.

_____

2. They'll be there by tomorrow evening.

_____

3. The girl came up to the car.

4. I'm going towards the river.

5. He will have done it by 3 o'clock tomorrow.

6. This is a present for his birthday.

7. They are good to me.

8. The delegation will arrive by the end of next week.

9. I can't get used to this noise.

СОГЛАСНО	ACCORDING TO
Все ремонтные работы были выполнены фирмой согласно договору.	All the remodeling work was completed according to the contract.

Задание 88. Слова, данные в скобках, употребите в правильной грамматической форме.
Use the words given in parentheses into the correct grammatical form.

1. Согласно (один медицинский журнал) _____, девять из каждых десяти врачей считают, что девять из каждых десяти врачей идиоты.

   According to a certain medical journal, nine out of every 10 physicians consider that nine out of every 10 physicians are idiots.

2. Согласно (статистика) _____, каждый первый студент предпочитает развлечения вместо занятий.

   According to statistics, every first student prefers amusements instead of studies.

3. Согласно (последние исследования) _____, дети по-прежнему считают, что они умнее своих родителей.

   According to the latest studies, children, as in previous times, consider that they are smarter than their parents.

СУДЯ ПО	JUDGING BY
Судя по реакции публики, выступление музыканта всем очень понравилось.	Judging by the reaction of the public, everyone really liked the performance of the musician.

Задание 89. Слова, данные в скобках, употребите в правильной грамматической форме.
Use the words given in parentheses into the correct grammatical form.

1. Судя по (произношение) _____, эти люди иностранцы.

   Judging by their pronunciation, these people are foreigners.

2. Судя по (внешний вид) _____ _____ студентов, у них вчера была вечеринка.

   Judging by the external appearance of these students, they had a party last night.

3. Судя по (реакция) _____ мужа, он не в восторге от денежных трат жены.

Judging by the reaction of her husband, he is not delighted with his wife's expenditures.

4. Судя по (то) _____, что твоя подруга говорит, она, кроме моды, ничем не интересуется.

Judging by what your friend says, she is not interested in anything except fashions.

Задание 90. Впишите в предложения словосочетания из таблицы.
Insert word combinations from the table.

судя по всему — judging by everything; everything seems to indicate that

судя по твоим (вашим, его, её, их ...) словам — judging by, according to your (his, her, their...) words

1. _____ , скоро будет дождь.

2. _____ , ты знаешь всё лучше любого специалиста.

3. С ними не о чем говорить: _____ , они ничего не читают.

Задание 91. Переведите на русский язык.
Translate into Russian.

1. Judging by what his student says, he is a great expert in beer.

_____

2. It's terrible! Judging by everything, our guest absolutely lacks a sense of humor.

_____

3. Judging by his appearance, after a visit to a bar, he spent last night somewhere under a bush.

_____

4. Judging by your clothing, you are getting ready to go to a meeting. Is that right?

_____

5.1.3. УПОТРЕБЛЕНИЕ ПРЕДЛОГОВ С ВИНИТЕЛЬНЫМ ПАДЕЖОМ (ПАДЕЖ № 4)
PREPOSITIONS USED WITH THE ACCUSATIVE CASE

ВКЛЮЧАЯ	INCLUDING, INCLUDED
Обед был ужасный, включая индейку.	The lunch was terrible, including the turkey.
Все принимали участие в этой глупой игре, включая меня.	All of us took part in that stupid game, including me.

Задание 92. **Слова, данные в скобках, употребите в правильной грамматической форме.**
Use the words given in parentheses into the correct grammatical form.

1. Все были голодные, включая (собака и котёнок) _____.

Everyone was hungry, including the dog and kitty.

2. Мы пригласили всех поехать за город, включая (дети) _____.

We invited everybody to go out of town, including the children.

3. Он побывал во многих странах, включая (Корея) _____.

He had been in many countries, including Korea.

4. 😊 У хозяйки, которая учится готовить по кулинарной книге, подгорает всё, включая (кулинарная книга) _____.

A housewife who learns to cook according to a cookbook burns everything, including the cookbook.

5. 😊 При разводе жена забрала у меня всё, включая (моя фамилия) _____.

During our divorce my wife took everything from me, including my last name.

6. 😊 Мой муж не курит, не пьёт, не играет в карты и не интересуется женщинами, включая (я) _____.

My husband does not smoke, nor drink, nor play cards, and he is not interested in women, including me!

ИСКЛЮЧАЯ	EXCEPT
Директор сказал, что все будут работать в эту субботу, исключая троих.	The director said that everyone would work this Saturday, except for three of us.

Задание 93. **Слова, данные в скобках, употребите в правильной грамматической форме.**
Use the words given in parentheses into the correct grammatical form.

1. Весь месяц была хорошая погода, исключая (третья неделя) _____.

Weather was good during the whole month, except for the third week.

2. Туристы посетят много достопримечательностей, исключая (старая крепость) _____.

Tourists will visit many sights, excluding the old fortress.

3. Я перевёл почти весь текст, исключая (последняя часть) _____.

I translated almost the entire text with the exception of the last part.

4. Директор сказал, что все будут работать в эту субботу, исключая (мы трое) _____.

The director said that everyone would work this Saturday, except for three of us.

Задание 94. Придумайте свои предложения, используя предлог «исключая».
Compose your own sentences using the preposition «исключая».

1. _____
2. _____

НЕСМОТРЯ НА	IN SPITE OF
Несмотря на позднее время, дети ещё не спали.	Despite the lateness of the hour, the children still were not asleep.

Задание 95. Слова, данные в скобках, употребите в правильной грамматической форме.
Use the words given in parentheses into the correct grammatical form.

1. Футбольный матч состоится несмотря на (плохая погода) _____.

   The football game will take place in spite of the bad weather.

2. Несмотря на (тёплая одежда) _____ _____, мы всё-таки замёрзли.

   In spite of the warm clothing, we nevertheless froze.

3. Он не купил этот дом несмотря на (низкая цена) _____.

   In spite of the low price, he did not buy the house.

4. Несмотря на (своя известность) _____ _____, она скромный человек.

   In spite of his fame, she is a modest person.

5. Он ушёл из фирмы несмотря на (высокая заработная плата) _____ _____.

   He left the firm despite the high salary.

Задание 96. Придумайте свои предложения, используя предлог «несмотря на».
Compose your own sentences using the preposition «несмотря на».

1. _____
2. _____

ПРО _Предлог «про» используется в разговорном стиле речи_	ABOUT, OF _The preposition «про» is utilized in the conversational style of speech_
Друг любит рассказывать про свою работу. Девочки опять хотят послушать сказку про Золушку.	My friend loves to tell about his work. The girls want to hear the fairy tale about Cinderella again.

Задание 97. Слова, данные в скобках, употребите в правильной грамматической форме.
Use the words given in parentheses into the correct grammatical form.

1. Больше всего малыши любят мультфильмы про (волк и заяц) _____.

   Most of all little boys like cartoons about a wolf and a rabbit.

2. Полицейский спрашивал меня про (мои соседи) _____.

   The policeman asked me about my neighbors.

3. Она всегда с большой любовью говорит про (дети) _____.

   She always speaks of children with great love.

4. Это история про (один моряк) _____ _____.

This story is about a certain seaman.

5. Директор что-то говорил про (премия) _____?

The director was saying something about a bonus.

Задание 98. **Ответьте на вопросы, используя предлог «про».**
Answer the questions using the preposition «про».

1. Какие книги (=про кого или про что) вы читали в детстве?

_____

2. Про что вы не любите говорить?

_____

3. Про что вам хотелось бы забыть?

_____

ОБРАТИТЕ ВНИМАНИЕ НА ОСОБЕННОСТИ УПОТРЕБЛЕНИЯ ДАННЫХ ПРЕДЛОГОВ! PAY ATTENTION TO THE PARTICULAR WAYS IN WHICH THE GIVEN PREPOSITIONS ARE USED!			
СКВОЗЬ	**THROUGH**	**ЧЕРЕЗ**	**THROUGH, OVER, ACROSS, IN, FROM ONE SIDE TO THE OTHER; OVER THE TOP OF**
1. через / сквозь отверстие, щель, замочную скважину, дыру… through an opening, a slit, a keyhole, the crowd… Воры пролезли туда через (= сквозь) дыру в заборе. The thieves climbed in there through a hole in the fence.			
2. Сквозь туман ничего нельзя было рассмотреть. Сквозь шум водопада я с трудом разбирал слова друга. Сквозь листву деревьев пробивались первые лучи солнца. Сквозь сон она услышала плач ребёнка. 3. Пётр очень хороший программист, поэтому начальник отдела смотрел на его опоздания сквозь пальцы.	Through the fog it wasn't possible to make anything out. Through the noise of the waterfall, it was only with difficulty that I made out my friend's words. The first rays of the sun made their way through the foliage of the trees. In her sleep, she heard the baby's crying. Peter is very good programmer. Therefore, the head of the department chose not to notice his tardiness.	2. Я вернусь через минуту. 3. Перейдите через мост и поверните налево. 4. Мальчик перелез через забор. 5. Они проехали автостопом через всю Европу. 6. Мы говорили через переводчика.	I'll be back in a minute. Go over the bridge and turn to the left. The boy climbed over the fence. They hitchhiked over Europe. We spoke through an interpreter.

Задание 99. Слова, данные в скобках, употребите в правильной грамматической форме.
Use the words given in parentheses into the correct grammatical form.

1. Через (неделя) _____ мы поедем на море.

   In a week, we'll go to the sea.

2. Аптека находится через (дорога) _____.

   The drugstore is located across the road.

3. Я передал директору через (секретарь) _____ свой проект.

   I turned over my project to the director through the secretary.

4. Друзья с трудом пробились сквозь (толпа) _____ футбольных фанатов.

   The friends with difficulty made their way through the crowd of football fanatics.

5. Я всегда плаваю в бассейне по субботам, а подруга — через (суббота) _____.

   I always swim in the pool on Saturdays, and my girlfriend does it every other Saturday.

6. Он передал деньги за билет через (друг) _____.

   He gave the money for the ticket through his friend.

7. Сейчас они строят мост через (река) _____.

   Right now they are building a bridge across the river.

8. Герой фильма мог проходить сквозь (стены) _____.

   The hero of the film was able to pass through walls.

9. ☺☺ Письмо в газету: «Я хотел бы через (ваша газета) _____ от всего сердца поздравить себя с юбилеем».

   Letter to a newspaper: "From the bottom of my heart I would like to wish myself a happy birthday through your newspaper!"

10. ☺☺ Жена пошла в магазин и обещала вернуться через (пара) _____ тысяч долларов.

   My wife went to the store and promised to return after a couple thousand dollars.

Задание 100. Переведите на русский язык.
Translate into Russian.

1. A person views his future through his past.

   _____

2. I will be back in an hour.

   _____

3. They built a nice bridge across the river.

   _____

4. I have Russian every other day.

   _____

5. They were conversing with the director through an interpreter.

   _____

6. The girl says, "I broke up with him in 2 years because we both loved him and hated me."

   _____

7. Men are mistaken that the pathway to a woman's heart always lies through their billfold.

   _____

8. He climbed through the window.

   _____

9. We go by way of Moscow.

   _____

10. I'll give you an answer in a few days.

   _____

5.1.4. УПОТРЕБЛЕНИЕ ПРЕДЛОГОВ С ТВОРИТЕЛЬНЫМ ПАДЕЖОМ (ПАДЕЖ № 5)
PREPOSITIONS USED WITH THE INSTRUMENTAL CASE

НАД	OVER, ABOVE, AT
1. Писатель сейчас работает над новым историческим романом.	The writer is now working on a new historical novel.
2. На стене над книжной полкой висел портрет известного поэта.	A portrait of a well known poet hung on the wall above the bookshelf.
3. Каждую осень над этим озером пролетают стаи птиц.	Flocks of birds fly over this lake every fall.

Задание 101. Слова, данные в скобках, употребите в правильной грамматической форме.
Use the words given in parentheses into the correct grammatical form.

1. Что пользы плакать над (пролитое молоко) _____ !

   It is no use crying over spilt milk!

2. Он просидел всю ночь над (книги) _____.

   He sat the whole night over my books.

3. Сейчас наш самолёт летит над (Атлантический океан) _____ _____.

   Right now, our plane is flying over the Atlantic Ocean.

4. Мы много думали над (эта проблема) _____ _____ и наконец нашли решение.

   We thought about this problem for a long time and finally found a solution.

5. Солнце поднялось над (вершины) _____ гор.

   The sun rose above the mountain tops.

6. Над (левая бровь) _____ у девушки была маленькая родинка.

   Above her left eyebrow, the young lady had a little birthmark.

7. 😊 Любовь — это победа воображения над (интеллект) _____.

   Love is victory of the imagination over the intellect.

8. 😊 Комедия смеется над (глупость)_____, трагедия плачет над (ум) _____.

   Comedy laughs at stupidity; tragedy weeps at intelligence.

9. Он работает на (новое изобретение) _____ _____.

   He is working at a new invention.

10. Моя сестра всегда смеётся над (я) _____.

    My sister always laughs at me.

Задание 102. Придумайте свои предложения, используя предлог «над».
Compose your own sentences using the preposition «над».

1. _____
2. _____

ПЕРЕД	BEFORE, IN FRONT OF
Он положил передо мной несколько документов.	He put several documents before me.
Закрой все окна перед уходом!	Close all the windows before you leave!
Перед нами встал трудный вопрос.	A difficult question came up before us.
Ваша дорогая одежда откроет перед вами все двери.	Your wearing expensive clothing will open all doors before you.

Задание 103. Слова, данные в скобках, употребите в правильной грамматической форме.
Use the words given in parentheses into the correct grammatical form.

1. Если вы часто видите мелкие точки перед (глаза) _____, купите очки, и вы будете видеть их лучше!

   If you often see small spots before your eyes, buy glasses and you will see them better!

2. Должен ли джентльмен вытирать ноги, если вместо коврика перед (дверь) _____ лежит другой джентльмен?

   Must a gentleman wipe his feet if instead of a rug before the door there lies another gentleman?

3. Единственный человек, который знает, как нужно играть в футбол, сидит перед (микрофон) _____.

   The only person who knows how it is necessary to play football sits in front of the microphone.

© www.ClipProject.info

Задание 104. Придумайте свои предложения, используя предлог «перед».
Compose your own sentences using the preposition «перед».

1. _____
2. _____

Задание 105. Переведите на русский язык.
Translate into Russian.

1. It is darkest of all just before dawn.

   _____

2. Do not cast your pearls before swine!

   _____

3. Coming events cast their shadows before.

   _____

РЯДОМ С	NEXT TO, BESIDE, ALONGSIDE
Поликлиника находится рядом с домом. На этой фотографии рядом с матерью стоит её двоюродная сестра.	The clinic is located next to the house. In this photo mother's cousin (female) is standing next to her.

Задание 106. **Слова, данные в скобках, употребите в правильной грамматической форме.**
Use the words given in parentheses into the correct grammatical form.

1. Рядом с (красота) _____ ум и сердце выглядят бедными родственниками.

   Alongside beauty, the mind and heart look like poor relatives.

2. Только один человек из пятерых хорошо водит машину, и этот человек всегда сидит рядом с (водитель) _____.

   Only one person out of five drives a car well, and that person always sits next to the driver.

Задание 107. **Переведите на русский язык.**
Translate into Russian.

1. Sit down beside me!

   _____

2. Our house is just beside the market.

   _____

3. She sat beside his aunt.

   _____

Задание 108. **Ответьте на вопросы.**
Answer the questions.

1. Рядом с какими известными людьми живут ваши знакомые или родственники?

   _____

2. Рядом с чем находятся сфинксы?

   _____

3. Рядом с кем или с чем хотят сфотографироваться эти девушки?

   _____

5.1.5. УПОТРЕБЛЕНИЕ ПРЕДЛОГОВ С ПРЕДЛОЖНЫМ ПАДЕЖОМ (ПАДЕЖ № 6)
PREPOSITIONS USED WITH THE PREPOSITIONAL CASE

ПРИ	WHILE, DURING, WHEN, BEFORE, IN THE PRESENCE OF, UNDER, IN THE TIME OF, ON, ATTACHED TO, FOR, WITH, IN FRONT OF, AT, NEAR, BY
1. **при каком процессе / действии?** Будьте осторожны **при переходе** улицы!	while a certain process / action is taking place Be careful while crossing the street!
2. **при** (*ком?*) Не говорите об этом **при нём**! Я готов повторить это **при свидетелях**.	in smb's presence of Don't mention it in front of him! I'm ready to repeat this in front of witnesses.
3. **иметь при себе** В тот момент **при мне** не было паспорта. Сколько у тебя **при себе** денег?	to have on smb's person, with smb's person At that moment, I did not have my passport with me. How much money do you have on yourself?
4. **При всём моём желании** я не смогу купить это. **При желании** он мог бы стать президентом.	Even given my great hope (and desire), I won't be able to buy it. If he so desired, he could become president.
5. **при жизни** 😄 Гавайи — единственное место, где вас украшают цветами **при жизни**. Эти стихи не публиковались **при жизни** поэта.	during the life of Hawaii is the only place where they decorate you with flowers while you're still alive. These verses were not published during the life of the poet.
6. **при всём уважении** (*к кому?*) **При всём моём уважении** к профессору, я не согласен с некоторыми его взглядами.	in light of all respect, with all due respect (for someone) Even with all my respect for the professor, I do not agree with some of his views.
7. **при условии** Я сделаю это только **при одном условии**.	given a condition I'll do it only under one condition.
8. 😄 **При** лунном **свете** я выгляжу лучше, как все исторические развалины. Картина **при электрическом свете** выглядела по-другому.	In the light of the moon, I always look better, like all historical ruins. By electric light, the picture looked different.
9. Сын обещал родителям приехать **при первой возможности**.	The son promised his parents to come the first opportunity that he had.
10. Заходите к нам **при случае**, мы будем очень рады.	Drop in on us when you have the chance; we will be very glad.

Задание 109. Слова, данные в скобках, употребите в правильной грамматической форме.
Use the words given in parentheses into the correct grammatical form.

1. Недавно учёные изобрели новый тип парашюта, который открывается при (удар) _____ о землю.

   Not long ago, scientists invented a new type of parachute which opens when it hits the ground.

2. Если при (женщина) _____ мужчина хвалит другую женщину, она с грустью думает о том, как легко одурачить таких мужчин.

   If in the presence of a woman a man praises another woman, she thinks with sadness how easy it is to make a fool of such men.

3. Если бы изобретатель лампочки окончил бизнес-школу, сегодня мы читали бы при (свечи) _____.

   If the inventor of the light bulb had finished business school, today, we would be reading by candles.

4. При (высокие налоги) _____ _____ люди становятся богаче духовно.

   When taxes are high, people become spiritually richer (but not materially).

5. Делать доброе дело лучше всего при (свидетель) _____.

   It is best of all to do a good deed in the presence of a witness.

Задание 110. Слова, данные в скобках, употребите в правильной грамматической форме.
Use the words given in parentheses into the correct grammatical form.

1. Правительство — единственная организация, которая даже в кризис всегда при (деньги) _____.

   The government is the only organization which even during a crisis always has plenty of money.

2. Я верю в пользу диктатуры, при (условие) _____, что диктатором буду я.

   I believe in the benefit of a dictator under the condition that I will be the dictator.

3. При (нынешнее отношение) _____ _____ к природе скоро даже эхо исчезнет.

   Given the way we treat nature today soon even it's echo will die out.

4. В ресторане при (вокзал) _____ посетитель удивлённо спрашивает официанта:
   — Почему вы даёте такую маленькую порцию?
   — Чтобы вы не опоздали на поезд!

   In the railroad station restaurant, a visitor asked the waiter in surprise:
   "Why did you give me such a tiny portion?"
   "So you won't be late for your train!"

Задание 111. Измените предложения по образцу. Используйте слова из таблицы.
Change the sentences according to the model. Use the words from the table.

Образец: **Если вы простудились**, пейте чай с мёдом.

При простуде пейте чай с мёдом.

Когда покупали этот дом, нам пришлось оформлять много документов.

При покупке этого дома нам пришлось оформлять много документов.

хотеть / желать — *желание*;	сдавал — *сдача*;	кашлять — *кашель*;
готовиться — *подготовка*;	переходить — *переход*;	стирать — *стирка*;
разговаривать — *разговор*;	осматривать — *осмотр*;	заключать — *заключение*
посещать — *посещение*;		

1. Ваш сын талантливый и, **если захочет**, добьётся больших успехов в жизни.
   _____

2. **Когда будете готовиться к экзаменам**, обратите внимание на эту тему.
   _____

3. Он показывал эти материалы директору, **когда разговаривал с ним**.
   _____

4. **Если вы будете посещать наш ресторан**, вы сможете пользоваться этой дисконтной картой.
   _____

5. Не понимаю, о чём ты думал, **когда сдавал экзамен?**
   _____

6. Будьте всегда внимательными, **когда переходите через дорогу!**
   _____

7. Специалист нашёл серьёзный дефект, **когда осматривал эту машину**.
   _____

8. Это средство хорошо помогает, **если вы кашляете**.
   _____

9. Каким стиральным порошком вы пользуетесь, **когда стираете бельё?**
   _____

10. Будьте особенно внимательны, **когда заключаете контракт**.
    _____

Задание 112. Измените предложения, используя предлог «при».
Change the sentences using the preposition «при».

Образец: Родители купили этот дом, **когда дедушка был ещё жив**.

Родители купили этот дом **ещё при жизни дедушки**.

Несмотря на то что я очень хочу, я не смогу поехать туда.

При всём моём желании я не смогу поехать туда.

1. Это не телефонный разговор: я расскажу тебе всё, **когда встретимся**.
   _____

2. Ничего не слышно, **когда так шумно**.
   _____

3. **Несмотря на всё моё уважение к вам**, я этого не сделаю.
   _____

4. **Кто был в то время**, когда он открывал сейф?
   _____

5. Не стоило говорить об этом **в присутствии гостей**.

_____

6. Это место особенно романтично, **когда светит луна**.

_____

Задание 113. **Закончите предложения, используя фразы с предлогом «при».**
Finish the sentences using phrases with the preposition «при».

1. Она никогда не читает письма _____.

2. Спасибо за совет, я обязательно посмотрю этот фильм _____.

3. Хорошо, что этот скандал произошёл не _____.

4. Я не могу спать _____.

5. Хорошо, я сделаю это, но только _____.

Задание 114. **Переведите на русский язык.**
Translate into Russian.

1. He said it in my presence.

_____

2. You will see blue house at the entrance to the village.

_____

3. Please do not speak of this in the presence of strangers!

_____

4. He was present at this scene.

_____

5. Ask him about it in case you get the chance.

_____

6. He made his speech in complete silence.

_____

7. Do you remember our walks to the sea by moonlight?

_____

ПОВТОРЕНИЕ
REVIEW

Задание 115. Слова, данные в скобках, употребите в правильной грамматической форме с предлогом или без него.

Use the words given in parentheses into the correct grammatical form with or without a preposition.

Образец: Режиссёр получил поздравления (коллеги / Голливуд) _____.

Режиссёр получил поздравления (*от кого? откуда?*) **от коллег из Голливуда.**

1. Я часто получаю открытки (друзья / разные страны) _____.
   I often receive postcards from friends from various countries.
2. Недавно мне передали пакет (подруга / Сибирь) _____.
   Not long ago, I was given a package from a lady friend from Siberia.
3. Тебе привет (одна блондинка / Швеция) _____.
   Greetings to you from a blond lady from Sweden.
4. Это сувениры (знакомые / Китай) _____.
   These are souvenirs from acquaintances from China.
5. В почтовом ящике было письмо (родственница / деревня) _____.
   In the post office box, there was a letter from a (female) relative from the country.

Задание 116. Слова, данные в скобках, употребите в правильной грамматической форме.

Use the words given in parentheses into the correct grammatical form.

1. Он положил передо (я) _____ несколько документов.

   He put several documents in front of me.

2. Ольга не приехала к нам из-за (болезнь) _____.

   Olga did not come to see us because of illness.

3. Тётя ест всё, кроме (мясо и сладкое) _____ _____.

   Auntie eats everything except meat and sweets.

4. Среди (гости) _____ друга я увидел известного футболиста.

   Amongst my friend's guests I saw a famous football player.

5. Куда вы пойдёте после (лекция) _____.

   Where will you go after the lecture?

6. Позвоните, пожалуйста, через (неделя) _____!

   Call me, please, in a week!

7. Боюсь, что он будет смеяться над (всё это) _____.

   I'm afraid that he will laugh at all this.

8. Ура! Я написал тест без (ошибки) _____!

   Hurrah! I wrote the test without a mistake.

9. 😷😷 От волос у (он) _____ осталась только расчёска.

   All that was left of his hair was a comb.

10. 😷😷 У (женщина) _____ два возраста — с (косметика) _____ и без (она) _____.

    A woman has two ages, before and after cosmetics.

Задание 117. Слова, данные в скобках, употребите в правильной грамматической форме.
 Use the words given in parentheses into the correct grammatical form.

1. Что нужно ещё купить, помимо (шампанское) _____?

What is it still necessary to buy except champagne?

2. Твоя книга лежит на столике возле (кровать)
_____.

Your book is on the little table beside the bed.

3. Друг простудился накануне (свой день рождения) _____.

My friend caught a cold on the day before his birthday.

4. Давай купим курицу вместо (сосиски)
_____!

Let's buy a chicken instead of frankfurters.

5. Ты против (эта экскурсия) _____
_____?

Are you against this excursion?

6. Вы мало занимались, судя по (такие резуль-
таты) _____.

Judging from the results you didn't study very much.

7. Многое изменилось в связи с (рождение)
_____ ребёнка.

Much has changed in connection with the birth of the baby.

8. Сегодня дворец закрыт для (посетители)
_____ ввиду (предстоящий
визит) _____
президента.

Today, the palace is closed for visitors in light of the forthcoming visit of the president.

9. При (моё появление) _____
родители замолчали.

During my appearance the relatives kept still.

Задание 118. Слова, данные в скобках, употребите в правильной грамматической форме.
 Use the words given in parentheses into the correct grammatical form.

1. Благодаря (счастливая случайность) _____
_____ никто
из (пассажиры) _____ не пострадал.

Thanks to a happy coincidence, none of the passengers suffered.

2. Я был неправ и хочу извиниться перед (все)
_____.

I was wrong and I want to apologize to everyone.

3. Зимой он делает скульптуры из (лёд) _____.

In the winter, he makes ice sculptures.

4. Вы уже слышали про (их свадьба) _____
_____?

Have you already heard about their wedding?

5. Кто среди (ваши коллеги) _____
_____ может это сделать?

Who among your colleagues might do this?

6. Он всегда был готов на всё ради (деньги и карьера) _____.

He always was ready to do anything for the sake of money and his career.

7. Несмотря на (плохая погода) _____
_____, они поехали на дачу.

In spite of bad weather, they went to the country house.

8. Они будут делать фильм совместно с (другая
кинокомпания) _____
_____.

They will make the film in conjunction with another film company.

9. Помимо (падежи) _____ мы
изучаем виды глагола.

In addition to the cases, we are studying verbal aspects.

Задание 119. Слова, данные в скобках, употребите в правильной грамматической форме.
Use the words given in parentheses into the correct grammatical form.

1. Вопреки (просьбы) _____ жены муж продал свою машину.

   Contrary to his wife's request, the husband sold his car.

2. Вечеринка кончилась около (полночь) _____.

   The party ended about midnight.

3. Друзья сняли квартиру рядом с (центральный рынок) _____ _____.

   The friends rented an apartment next to the central market.

4. Ваш вопрос решится в течение (эта неделя) _____.

   Your question will be decided (at some point) during this week.

5. Вчера она ночевала у (знакомые) _____.

   Yesterday, she spent the night with acquaintances.

6. Я хочу посоветоваться с вами насчёт (этот контракт) _____.

   I want to confer with you about this contract.

7. Всё будет готово к (следующий четверг) _____ _____.

   It will all be ready by next Thursday.

8. У (соседи) _____ убежала собака и вернулась к (они) _____ только через (неделя) _____.

   Our neighbors' dog ran off and returned to them only in a week.

9. Журналист фотографировал всё, включая (две наши кошки) _____ _____.

   The journalist photographed everything, including our two cats.

10. Родители против (женитьба) _____ сына на этой женщине.

    The parents are against their son marrying this woman.

5.2. УПОТРЕБЛЕНИЕ ПРЕДЛОГОВ С ДВУМЯ ПАДЕЖАМИ
PREPOSITIONS USED WITH TWO CASES

5.2.1. УПОТРЕБЛЕНИЕ ПРЕДЛОГОВ *В* И *НА*
USE OF THE PREPOSITIONS *В* AND *НА*

Слова, с которыми употребляется предлог «в»			
Words with whoch the preposition «в» is used (IN, AT , INTO, TO)			
ВИНИТЕЛЬНЫЙ ПАДЕЖ Направление движения, устремление к цели Куда?	ACCUSATIVE CASE Motion directed toward some goal Where to?	ПРЕДЛОЖНЫЙ ПАДЕЖ Место совершения действия Где?	PREPOSITIONAL CASE The place where some action occurred Where located?
в университет	to the university	в университете	in, at the university
в институт	to the institute	в институте	at, in the institute
в класс	to the classroom	в классе	in the classroom
в школу	to the school	в школе	in, at school
в группу	to the group	в группе	in the group
в аудиторию	to the lecture hall	в аудитории	in the lecture hall
в ресторан	to the restaurant	в ресторане	in, at the restaurant
в банк	to the bank	в банке	in, at the bank
в магазин	to the store	в магазине	in, at the store
в кассу	to the cash-desk / box office	в кассе	at the cash the cash-desk / box office
в фирму	to the company	в фирме	in, at the company
в гостиницу	to the hotel	в гостинице	in, at the hotel
в больницу	to the hospital	в больнице	in, at the hospital
в поликлинику	to the clinic	в поликлинике	in, at the clinic
в аптеку	to the drugstore	в аптеке	in, at the drugstore
в библиотеку	to the library	в библиотеке	in, at the library
в посольство	to the embassy	в посольстве	in, at the embassy
в консульство	to the consulate	в консульстве	in, at the consulate
в общежитие	to the dorm	в общежитии	in, at the dorm
в театр	to the theater	в театре	in, at the theater
в музей	to the museum	в музее	in, at the museum
в цирк	to the circus	в цирке	in, at the circus
в парк	to the park	в парке	in, at the park
в консерваторию	to the conservatory	в консерватории	at, in the conservatory
в командировку	(to go) on a business trip	в командировке	(to be) on a business trip
в филармонию	to the Philharmonic	в филармонии	at, in the Philharmonic
в гости	to go visiting	в гостях	to be visiting
в горы	into the mountains	в горах	in the mountains
в путь	onto the path	в пути	on the way
в лес	into the forest	в лесу	in the forest
в порт	into the port	в порту	in port
в рот	into the mouth	в саду	at, in the garden
в сад	into the garden	в углу	in the corner
в угол	into the corner	в шкафу	in the cupboard
в шкаф	into the cupboard	во рту	in the mouth

Задание 120. **Ответьте на вопросы, используя предлог «в».**
Answer the questions using the preposition «в».

1. Куда приходят корабли? — Where do ships arrive?
_____

2. В каких странах вы были? — Which countries have you been in?
_____

3. Где дети могут увидеть разных животных? — Where may children see various animals?
_____

4. Куда вы вешаете костюмы и кладёте своё бельё? — Where do you hang suits and put your underclotning?
_____

5. Где любят отдыхать лыжники? — Where do skiers like to rest?
_____

6. Куда по утрам ходят студенты? — Where do students go in the mornings?
_____

7. Где собирают грибы и ягоды? — Where does somebody gather mushrooms and berries?
_____

8. Куда пойдёте за лекарством? — Where will you go for medicine?
_____

9. Где можно послушать классическую музыку? — Where is it possible to listen to classical music?
_____

10. Куда отправляется директор на несколько дней? — Where is the director going for several days?
_____

11. Где оформляют визы? — Where are visas formulated?
_____

Задание 121. **Слова, данные в скобках, употребите в правильной грамматической форме.**
Use the words given in parentheses into the correct grammatical form.

1. В жизни как в (лифт) _____: то вверх, то вниз, то на ремонте.

In life, it's just like in the elevator; first up, then down, then under repair.

2. Один директор фирмы спрашивает директора другой фирмы:
— Сколько человек работает в (твоя фирма) _____?
— Примерно один из (десять) _____.

The director of one company ask the director of the other: "How many people work in your company?"
"Approximately, one out of ten."

3. Не пытайтесь топить горе в (вино) _____, потому что горе хорошо в нём плавает.

Do not attempt to drown your sorrow in wine because sorrow swims well in it.

4. В (море) _____ любви первыми исчезают деньги.

The first thing to disappear into the sea of love is money.

5. — Официант! В (моя тарелка) _____ пуговица!
— А вот где она! А я её везде ищу!

"Waiter! There's a button on my plate!"
"Oh, so that's where it is! I've been looking for it everywhere!"

6. Она делала столько ошибок в (документы) _____, что заменила сразу трёх секретарш.

She made so many mistakes in the documents that she immediately replaced three secretaries.

7. В (наша неповторимая жизнь) _____ _____ каждый день — исторический.

Every day is historic in our inimitable life.

8. Мужчина входит в (жизнь) _____ женщины и устраивает в (она) _____ свою собственную жизнь.

A man enters a woman's life and organizes in it his very own.

9. Искать что-нибудь в (Интернет) _____, это как пытаться налить в (стакан) _____ воды из (Ниагарский водопад) _____.

Searching for something on the Internet is like trying to pour water from Niagara Falls into a glass.

10. В (клуб) _____, где играют в (бридж) _____, и в (кабинет) _____ министров страсти одни и те же.

Passions are the same in a club where they play bridge and in the office of government minister's.

11. Я не понимаю, почему сидеть в кафе на улице и пить кофе из маленьких чашечек более стильно, чем сидеть в (бар) _____ и пить виски из большого стакана?

I do not understand why sitting in a café outside and drinking coffee out of small cups is more fashionable than sitting in a bar and drinking whiskey out of a large glass?

В			
ВИНИТЕЛЬНЫЙ ПАДЕЖ **ACCUSATIVE CASE** *Во что?*		**ПРЕДЛОЖНЫЙ ПАДЕЖ** **PREPOSITIONAL CASE** *В чём?*	
У вас всегда будет много друзей, если вы постоянно проигрываете в покер.	You will always have many friends if you always lose at poker.	В бизнесе и в науке нет места ни для любви, ни для ненависти.	In business and in science, there is a place neither for love nor for hate.

Задание 122. **Слова, данные в скобках, употребите в правильной грамматической форме.**
Use the words given in parentheses into the correct grammatical form.

1. Сердце художника — в (его голова) _____ _____.

An artist's heart is in his head.

2. Вы не одиноки в (своё одиночество) _____ _____.

You are not lonely in your loneliness.

3. Вся сила женщин — в (слабости) _____ мужчин.

The entire strength of women is in the weaknesses of men.

4. Самое прекрасное в (природа)_____ — отсутствие человека.

That which is the most beautiful in nature is the absence of a person.

5. Неважно, сколько мужчин было в (её жизнь) _____, важно, сколько жизни было в (её мужчины) _____.

It's not important how many men there were in her life. What is important is how much life there was in her men.

Задание 123. Слова, данные в скобках, употребите в правильной грамматической форме. Use the words given in parentheses into the correct grammatical form.

1. Народное проклятье: «Чтоб ты ходил каждый день в (новая обувь) _____!»

A folk curse: "May you walk every day in new footwear!"

2. Ваш суп уже не горячий, если официант может держать в (он) _____ свой палец.

Your soup is no longer hot if the waiter is able to hold his finger in it.

3. Супермен — это мужчина, который обнимает девушку, нежно смотрит ей в (глаза) _____ и говорит, какой он замечательный.

A Superman is a man who embraces a girl, looks into her eyes tenderly and says how wonderful he is.

4. Капризная актриса:
   — Я хочу, чтобы в (первый акт) _____ _____ драгоценности на мне были настоящими!
   Режиссёр:
   — Не волнуйтесь, всё будет настоящим: драгоценности в (первый акт) _____ _____ и яд в (последний акт) _____ _____.

A capricious actress: "During the first act, I want all the jewelry I am wearing will be authentic!"
Director: "Don't worry. Everything will be authentic: the jewelry in the first act and the poison in the last!"

5. Отпуск в (палатка) _____ больше всего хвалят комары.

Vacation in a tent is praised by mosquitoes most of all!

СЛОВА, С КОТОРЫМИ УПОТРЕБЛЯЕТСЯ ПРЕДЛОГ «НА» WORDS WITH WHICH THE PREPOSITION «НА» IS USED ON, AT, TO, IN, BY, FOR			
ВИНИТЕЛЬНЫЙ ПАДЕЖ Направление движения устремление к цели *Куда?*	**ACCUSATIVE CASE** **Motion toward some place** *Where to?*	**ПРЕДЛОЖНЫЙ ПАДЕЖ** Место совершения действия *Где?*	**PREPOSITIONAL CASE** **The location where someone was or something occurred** *Where located?*
на север	to the north	на севере	in the north
на юг	to the south	на юге	in the south
на запад	to the west	на западе	in the west
на восток	to the east	на востоке	in the east
на родину	to the native land	на родине	in the native land
на остров	to the island	на острове	on the island
на дачу	to the country house	на даче	at, in the country house
на проспект	to the avenue	на проспекте	on the avenue
на площадь	to the square	на площади	on the square
на улицу	to the street	на улице	on the street
на вокзал	to the railroad station	на вокзале	at the railroad station
на завод	to the factory, plant	на заводе	at the factory, plant
на фабрику	to the factory	на фабрике	at the factory
на рынок	to the market	на рынке	at the market
на почту	to the post office	на почте	at, in the post office
на стадион	to the stadium	на стадионе	at, in the stadium
на этаж	to (a certain) floor	на этаже	on (a certain) floor
на работу	to work	на работе	at work
на факультет	to the faculty	на факультете	at the faculty
на кафедру	to the department	на кафедре	at the department
на лекцию	to a lecture	на лекции	at a lecture
на занятие	to class	на занятии	in class
на урок	to the lesson	на уроке	at the lesson
на экзамен	to an exam	на экзамене	at an exam
на собрание	to a meeting	на собрании	at a meeting
на конференцию	to a conference	на конференции	at a conference
на презентацию	to a presentation	на презентации	at a presentation
на встречу	to a meeting	на встрече	at a meeting
на выставку	to an exhibition	на выставке	at an exhibition
на экскурсию	to go on an excursion	на экскурсии	to be on an excursion
на спектакль	to a show	на спектакле	at, in a show
на представление	to a presentation	на представлении	at a presentation
на балет	to a ballet	на балете	at a ballet
на концерт	to a concert	на концерте	at a concert
на вечер	to a party	на вечере	at a party
на вечеринку	to a party	на вечеринке	at a party
на банкет	to a banquet	на банкете	at a banquet

ВИНИТЕЛЬНЫЙ ПАДЕЖ Направление движения устремление к цели Куда?	ACCUSATIVE CASE Motion toward some place Where to?	ПРЕДЛОЖНЫЙ ПАДЕЖ Место совершения действия Где?	PREPOSITIONAL CASE The location where someone was or something occurred Where located?
на день рождения	to a birthday party	на дне рождения	at a birthday party
на берег	(on) to the shore	на берегу	on the shore
на лёд	(on) to the ice	на льду	on the ice
на мост	(on) to the bridge	на мосту	on the bridge
на пол	(on) to the floor	на снегу	in the snow
на шкаф	(in) to the cupboard	на полу	on the floor
на угол	(in) to the corner	на шкафу	in the cupboard
на путь	(on) to the path	на углу	at the corner
на снег	(on) to the snow	на пути	on the way, in a person's way

Задание 124. Слова, данные в скобках, употребите в правильной грамматической форме.
Use the words given in parentheses into the correct grammatical form.

1. — Куда вы ходите за грибами?

   — К соседу на (балкон) _____.

   — Он, что, их там выращивает?

   — Нет. Он их там сушит.

   "Where are you going mushrooming?"

   "To my neighbor's balcony."

   "Does he grow them there or something?"

   "No, he dries them there!"

2. — Доктор, у меня бессонница: я не могу спать даже на (скучные лекции) _____ _____.

   Doctor, I have insomnia. I cannot sleep even during boring lectures.

3. Малыши охотней всего едят здоровую пищу, если находят её на (пол) _____.

   Babies are most willing to eat healthy food if they find it on the floor.

4. Наши улицы совершенно безопасны, опасны только люди на (улицы) _____.

   Our streets are extremely safe; they are dangerous only when there are people on them.

5. Если жена решила водить машину, не стой у неё на (путь) _____.

   If a woman has decided to drive a car, don't get in her way.

6. Свободное место для парковки почему-то всегда на (другая сторона) _____ _____ улицы.

   A free parking place for some reason is always on the other side of the street.

7. Фиговый листок всегда на (самое видное место) _____.

   A fig leave is always found in the most visible place.

ОБРАТИТЕ ВНИМАНИЕ НА ОСОБЕННОСТИ УПОТРЕБЛЕНИЯ ПРЕДЛОГА «НА»! PAY ATTENTION TO THE PARTICULAR WAYS IN WHICH THE PREPOSITION «НА» IS USED!			
ВИНИТЕЛЬНЫЙ ПАДЕЖ *На что?* *На какое время?* *На какой день?* *На какое число?*	**ACCUSATIVE CASE** *(On) to what?* *For how long?* *For what day?* *For what date?*	**ПРЕДЛОЖНЫЙ ПАДЕЖ** *На чём?*	**PREPOSITIONAL CASE** *On what?*
На какие фильмы вы предпочитаете ходить? Я взял билеты в театр на субботу, на 8 часов вечера.	What films do you prefer to go to? I got theater tickets for Saturday at 8:00 in the evening.	Люди не могут жить на одном шоколаде, за исключением женщин.	People are not able to live on chocolate alone, with the exception of women.
На сколько больше или меньше, раньше или позже, дешевле или дороже?	*How much larger or smaller, earlier or later, cheaper or more expensive?*	*На каком виде транспорта?*	*On what form of transport?*
Брат младше меня на пять лет.	My brother is five years younger than I am.	В бизнесе, как на велосипеде, если не движешься — падаешь.	In business as on a bicycle, if you don't move you fall.

Задание 125. **Ответьте на вопросы.**

Answer the questions.

1. На что вы с удовольствием тратите деньги? — What do you enjoy spending money on?

_____

2. Кто старше (младше) в вашей семье и на сколько? — Who is older (younger) in your family and by how much?

_____

3. На что вы хотели бы купить билеты в театральной кассе? — What would you like to buy tickets for at the theater box office?

_____

4. На чём вам нравится кататься? — What do you like to ride?

_____

5. Что вам удалось купить дешевле и на сколько? — What did you succeed in buying more cheaply and how much cheaper?

_____

6. Куда и на сколько вы опаздывали? — Where were you going and how late were you?

Задание 126. Слова, данные в скобках, употребите в правильной грамматической форме.
 Use the words given in parentheses into the correct grammatical form.

1. Чем больше на (я) _____ одежды, тем лучше я выгляжу.

   The larger clothing I wear, the better I look.

2. Если двое едут на (одна лошадь) _____ _____, кто-то из них должен ехать сзади.

   If two ride on one horse, one of them has to ride behind.

3. Диплом — это лицензия на (поиск) _____ работы.

   A diploma is a license to search for work.

4. Пешеход, не перебегайте дорогу на (красный свет) _____ — другой пешеход может сбить вас!

   Pedestrian, do not run across the road on red; another pedestrian may run you down!

5. Разговаривают два друга:
   — Не знаю, что подарить жене на (Рождество) _____.
   — Спроси её!
   — Ты шутишь? У меня нет таких денег!

   Two friends are talking:
   "I don't know what to give my wife for Christmas."
   "Ask her!"
   "You've got to be kidding! I don't have that much money!"

6. Больше всего человек любит смотреть на (огонь) _____, на (вода) _____ и на то, как работает другой человек.

   Most of all, a person likes to look at fire, at water and at how another person works.

Задание 127. Переведите на русский язык.
 Translate into Russian.

1. It's necessary to order a taxi for 7:00 a.m.
   _____

2. Why didn't you mention it a week sooner?
   _____

3. What date do you need the ticket for?
   _____

4. ☺ I think, and I exist on this.

5. ☺ Mother asks her son:
   "Why did you come home so late?"
   "Mom, we were playing to be a train, and it was a whole hour late!"
   _____
   _____

6. ☺ "You were twenty minutes late again. Don't you know what time we start at this office?"
   "No, sir, you are always working when I get here."
   _____
   _____

ОБРАТИТЕ ВНИМАНИЕ НА СИНОНИМИЧНЫЕ КОНСТРУКЦИИ! PAY ATTENTION TO SYNONYMOUS CONSTRUCTIONS!			
ЧТОБЫ + **инфинитив или глагол в прошедшем времени**	**IN ORDER** + **an infinitive or a verb in the Past Tense**	*На что?* **предлог «на»** + **слова в винительном падеже**	*(On) to what?* **the preposition «на»** + **words in the Accusative Case**
Сколько тебе нужно времени, чтобы подготовиться к экзамену?	How much time do you need in order to prepare for the exam?	Сколько тебе нужно времени на подготовку к экзамену?	How much time do you need for exam preparation?
ПОТОМУ ЧТО + **глагол**	**BECAUSE** + **a verb**	*На что?*	*(On) to what?*
Собор скоро закроют, потому что его будут реставрировать.	The cathedral will soon be closed because it will be restored.	Собор скоро закроют на реставрацию.	Soon, the cathedral will be closed for restoration.

Задание 128. Замените выделенные части предложения синонимичными с предлогом «на».
Replace the bolded parts of the sentence with synonyms which contain the preposition «на».

1. Родители дают сыну деньги, **чтобы он учился в университете.** (учёба)

_____

2. Он болен, и ему нужны деньги, **чтобы лечиться.** (лечение — treatment)

_____

3. У меня нет времени, **чтобы часто встречаться с друзьями.** (встречи)

_____

4. Студенты сдали профессору тесты, **чтобы он их проверил.** (проверка)

_____

5. Родители дали ему деньги, чтобы он **поехал в Швейцарию.** (поездка)

_____

6. У них уже был перерыв (lunch-hour), **чтобы пообедать.** (обед)

_____

7. Магазин закрыт, **потому что его ремонтируют.** (ремонт)

_____

8. Дети стали одеваться, **чтобы пойти гулять.** (прогулка)

_____

9. Тебе много времени нужно, **чтобы убрать квартиру?** (уборка)

_____

10. Ты привёз эти вещи, **чтобы продать их?** (продажа)

_____

11. Где ваше разрешение (a permit), **чтобы торговать** (to trade) **здесь?** (торговля)

_____

12. После такой работы мне нужен целый год, **чтобы хорошо отдохнуть.** (отдых)

_____

13. Возьмите с собой деньги, **чтобы вы могли поесть.** (еда)

_____

14. Мы подали документы (file an application), **чтобы развестись.** (развод)

_____

ОБРАТИТЕ ВНИМАНИЕ **НА УПРАВЛЕНИЕ ПРИ ТРАНСФОРМАЦИИ ПРЕДЛОЖЕНИЙ!** **PAY CLOSE ATTENTION TO THE CASE OF THE NOUNS REQUIRED BY THE VERBS IN THE FOLLOWING SENTENCES!**	
1. У нас ещё есть время, **чтобы посетить** (to visit) **дельфинарий**. (посещение)	We still have time to visit the Dolphinarium.
У нас ещё есть время **на посещение** (*чего?*) **дельфинария**.	We still have time to visit the Dolphinarium.
2. Мы пришли, **чтобы проконсультироваться у юриста**. (консультация)	We have come to consult a lawyer.
Мы пришли (*к кому? на что?*) **к юристу на консультацию**.	We have come to the lawyer for a consultation.

Задание 129. **Замените выделенные части предложения синонимичными с предлогом «на».**
Replace the bolded parts of the sentence with synonyms which contain the preposition «на».

1. Сколько тебе нужно времени, **чтобы перевести этот текст?** (перевод)

_____

2. У нас есть ещё 3 дня, **чтобы подготовиться** к конкурсу (competition). (подготовка)

_____

3. У вас есть 5 минут, **чтобы поговорить со мной?** (разговор)

_____

4. Директор пригласил всех, **чтобы обсудить новый проект.** (обсуждение)

_____

5. Ей нужен час, **чтобы составить** (make) **программу для гостей.** (составление)

_____

6. Сколько нужно денег, **чтобы купить такую квартиру?** (покупка)

_____

7. Муж ушёл, **чтобы охранять** (to guard) **объект.** (охрана)

_____

8. Она потратила полдня, **чтобы приготовить праздничный обед.** (приготовление)

_____

ВИНИТЕЛЬНЫЙ ПАДЕЖ *Играть **во** что?* *Играть в какие игры?*	ACCUSATIVE CASE *To play what?* *To play which games?*	ПРЕДЛОЖНЫЙ ПАДЕЖ *Играть на каком музыкальном инструменте?*	PREPOSITIONAL CASE *To play which musical instrument?*
в компьютерные игры в футбол в карты	to play computer games to play football to play cards	на барабане на гитаре и т.п.	to play the drums to play the guitar, etc.
		ЗАПОМНИТЕ! играть (*какую?*) роль (**в чём?**)	**MEMORIZE!** To play (*which*) role (*in what?*)

ОБРАТИТЕ ВНИМАНИЕ НА ОСОБЕННОСТИ УПОТРЕБЛЕНИЯ ГЛАГОЛА «ИГРАТЬ»! PAY ATTENTION TO THE PARTICULAR WAYS IN WHICH THE VERB "TO PLAY" IS USED!

Задание 130. **Слова, данные в скобках, употребите в правильной грамматической форме.**
Use the words given in parentheses into the correct grammatical form.

1. — Их сын на (что-нибудь) _____ играет?
— Да, он иногда играет на (губная гармошка) _____, но чаще — на (родительские нервы) _____.

Does their son play anything?
Yes, sometimes he plays the mouth organ but more often his parents' nerves.

2. Детей обычно учат играть на пианино, а не на (скрипка) _____, потому что пианино трудней потерять.

They usually teach children to play the piano and not the violin because a piano is more difficult to lose.

3. Главную роль в (чужая жизнь) _____ _____ сыграть проще, чем в (своя) _____.

It is simpler to play a chief role in somebody else's life rather than in one's own.

4. Когда я изучил правила жизни, был уже слишком стар, чтобы играть в (эта игра) _____.

When I learned of the rules of life, I was too old to play this game.

5. Её карьера актрисы началась с главной роли, которую она сыграла в (жизнь) _____ известного режиссёра.

Her career as an actress began with the chief role which she played in the life of the famous director.

Задание 131. **Переведите на русский язык. Translate into Russian.**

1. The neighbors like it when I play the piano. They even broke my window in order to hear better.

_____

2. A risky person plays vending machines, but I prefer to buy them.

_____

Задание 132. Ответьте на вопросы, используя предлоги «в» и «на».

Answer the questions using the prepositions «в» and «на».

1. На каких музыкальных инструментах вы играете или хотели бы играть? — What musical instruments do you play or would you like to play?

_____

2. Во что вы любите играть? — What (games) do you like to play?

_____

Задание 133. Слова, данные в скобках, употребите в правильной грамматической форме с предлогом «в» или «на».

Use the words given in parentheses into the correct grammatical form with the preposition «в» or «на».

1. — Какой сильный дождь! А моя жена вышла (улица) _____ без зонта.
— Ничего страшного, зайдёт куда-нибудь: (магазин или кафе) _____.
— Именно это меня очень беспокоит.

What a heavy rain! And my wife went out without an umbrella.
That's nothing terrible; she'll drop in somewhere, to a store or café.
That's what really bothers me!

2. Объявление (дверь) _____ офиса: ушёл (обед) _____ и, возможно, (ужин) _____.

An announcement on the door of an office: Out to lunch and possibly to dinner.

3. Если вы заблудились (лес) _____, то определите, куда вам лучше идти.
Можно идти (юг) _____, потому что там теплее.
(север) _____ платят больше денег.
Зато (восток) _____ больше экзотики.
А (запад) _____ бытовая культура на высоком уровне.
Так что решайте сами, куда идти!

If you have gotten lost in the forest, figure out where it would be best for you to go.
You could go south because it is warmer there.
In the north they pay more money.
On the other hand, in the east there are more exotic things.
But in the west everyday life is on a high level.
So decide for yourself where to go!

4. Теперь я точно знаю, что (Марс) _____ нет жизни, потому что (телефонные счета) _____ моей дочери нет Марса.

Now, I know exactly that there is no life on Mars, because Mars is not on my daughter's telephone bills.

5.2.2. УПОТРЕБЛЕНИЕ ПРЕДЛОГОВ *ЗА* И *ПОД*
USE OF THE PREPOSITIONS *ЗА* AND *ПОД*

ВИНИТЕЛЬНЫЙ ПАДЕЖ	ACCUSATIVE CASE	ТВОРИТЕЛЬНЫЙ ПАДЕЖ	INSTRUMENTAL CASE
Направление движения	The direction of motion	Место совершения действия	A place to carry out actions
Куда? **под (что?)** Давай спустимся под мост! **за (что?)** Собираюсь поехать за границу.	*Where to?* (direction) **UNDER** Let's go under a bridge! (direction) **BEHIND** I am going to go abroad.	*Где?* **под (чем?)** Я нашёл свою ручку под креслом. **за (чем?)** Они сидят за столом и курят.	*Where?* (location) **UNDER** I found my pen under the chair. (location) **BEHIND** They are sitting at the table and smoking.

Задание 134. Ответьте на вопросы, используя предлоги «за» и «под».

Answer the questions using the prepositions «за» and «под».

1. Где он нашёл клад? — Where did he find treasure?

   _____

2. Куда сел музыкант, чтобы сыграть рок-н-ролл? — Where did the musician sit down in order to play rock and roll?

   _____

3. Где у вас мусорное ведро? — Where is your garbage can?

   _____

4. Куда нужно смотреть, когда вы идёте, чтобы не упасть? — Where it is necessary to look so as not to fall when you are walking?

   _____

5. Где рождественские подарки? — Where are the Christmas presents?

   _____

6. Куда упало кольцо? — Where did the ring fall?

   _____

Задание 135. Слова, данные в скобках, употребите в правильной грамматической форме.

Use the words given in parentheses into the correct grammatical form.

1. Это был настоящий семейный ресторан: за (каждый столик) _____ кто-нибудь ссорился.

   It was a real family restaurant; at each table, someone was quarreling.

2. Места под (солнце) _____ распределяются в (тень) _____.

   Places under the sun are allocated in the shade.

3. Если нет Рождества в твоём сердце, ты не найдёшь его под (ёлка) _____.

   If there is no Christmas in your heart, you will not find it under the Christmas tree.

4. Приятели:

   — Неужели тебе нравится быть под (каблук) _____?

   — Это приятнее, чем быть под (валенок) _____!

   Friends:

   "Do you really like being under a high heel?"

   "It's more pleasant than being under a felt boot!"

5. Личная жизнь актёра — это сцена за (сцена) _____.

   The personal life of an actor is scene off stage.

Задание 136. **Переведите на русский язык.**

 Translate into Russian.

1. It's not possible to buy happiness for money, but it is possible to rent it.

   _____

2. The baby didn't want to eat and threw the spoon under the table. I dreamed of spanking him!

   _____

3. He was standing in the rain and enjoying it. Why do you think that is so?

   _____

4. Our angry teacher got caught in the rain and looked like a wet chicken!

   _____

5. There is nothing new under the moon.

   _____

ОБРАТИТЕ ВНИМАНИЕ НА ОСОБЕННОСТИ УПОТРЕБЛЕНИЯ ПРЕДЛОГА «ЗА»! PAY ATTENTION TO THE PARTICULAR WAYS IN WHICH THE PREPOSITION «ЗА» IS USED!			
ВИНИТЕЛЬНЫЙ ПАДЕЖ	**ACCUSATIVE CASE**	**ТВОРИТЕЛЬНЫЙ ПАДЕЖ**	**INSTRUMENTAL CASE**
1. **платить — заплатить** ЗА ЧТО? За всё в жизни приходится платить.	1. **to pay** FOR WHAT? One must pay for everything in life.	1. **наблюдать** **следить** ЗА КЕМ? ЗА ЧЕМ? На стадионе мы наблюдали за тренировкой спортсменов.	1. **to take care (of); to look(after); to watch, to supervise, to control to spy(on); to follow; to look(after); to watch;** WHOM TO OBSERVE, WATCH? At the stadium we watched the sportsmen training.
2. **беспокоиться** ЗА КОГО? Родители всегда беспокоятся за своих детей.	2. **to worry** FOR WHOM? Parents are always worried about their children.	2. ЗА ЧЕМ? Она приходила ко мне за книгой. ЗА КЕМ? Муж пошёл в детский сад за ребёнком. Я заехал за друзьями, и мы поехали на озеро купаться.	2. FOR WHAT? She came to me for the book. FOR WHOM? The husband went to the kindergarten for the child. I dropped on some friends, and we drove to the lake to go swimming.
3. **благодарить** (*кого?*) ЗА ЧТО? Мы благодарим вас за помощь. благодарен благодарна, благодарны (*кому?*) ЗА ЧТО? Мы благодарны вам за помощь.	3. **to thank someone** (who?) FOR WHAT? We thank you for the help. to be grateful, thankful (to whom?) FOR WHAT? We've grateful to you for the help.	3. ЗА КЕМ? Когда ребята играют в футбол, наша собака всегда бегает за ними и громко лает.	3. AFTER WHOM? When the kids play football, our dog always runs after them and barks loudly.
4. **рад / рада / рады** ЗА КОГО? Я рад (рада) за вас, за ваш успех.	4. **To be glad** FOR WHOM? I'm glad for you, for your success.		
5. **брать — взять хватать — схватить** (*кого?*) ЗА ЧТО? В магазине ребёнок взял меня за руку и повёл к игрушкам. Собака схватила его за куртку. Эта музыка взяла меня за душу.	5. **To take to grab** someone by something In the store, the child took me by the hand and led me to the toys. The dog grabbed him by the jacket. This music touched my soul.		
6. **пить / выпить** ЗА КОГО? ЗА ЧТО? Давайте выпьем за прекрасных дам!	6. **To drink, to have a drink** FOR WHOM, FOR WHAT? Let's drink for wonderful women!		

Задание 137. Ответьте на вопросы, используя предлог «за».

Answer the questions using the preposition «за».

1. За кем или за чем вы любите наблюдать? — Whom or what do you love to watch?

_____

2. За что вы хотели бы выпить? — What would you like to drink to?

_____

3. За кого вы были очень рады? — Whom were you very glad for?

_____

4. Кому и за что вы благодарны? — Whom are you thankful to? For what?

_____

5. За что вы платите каждый месяц? — What do you pay for each month?

_____

6. За кого вы беспокоитесь? — Whom are you worried for?

_____

7. За чем вы ходили к секретарю? — Why did you go to the secretary? (What reason did you go to the secretary for?)

_____

8. За кем бабушка пойдёт в школу? — Grandmother will go to school after whom?

_____

ОБРАТИТЕ ВНИМАНИЕ НА ОСОБЕННОСТИ УПОТРЕБЛЕНИЯ ПРЕДЛОГА «ПОД»!
PAY ATTENTION TO THE PARTICULAR WAYS IN WHICH THE PREPOSITION «ПОД» IS USED!

ВИНИТЕЛЬНЫЙ ПАДЕЖ	ACCUSATIVE CASE	ТВОРИТЕЛЬНЫЙ ПАДЕЖ	INSTRUMENTAL CASE
Дети часто попадают **под влияние** старших подростков.	Children often fall under the influence of older teenagers.	Начинающий художник находился **под влиянием** импрессионизма.	The beginning artist was under the influence of impressionism.
Она всегда делает зарядку **под музыку**.	She always does exercises to music.	Мы пойдём на концерт симфонического оркестра **под управлением** известного дирижёра.	We will go to the symphony orchestra concert under the direction of a famous conductor.
Он получил в банке кредит **под залог** дома.	He received credit at the bank under the security of his home.	Я до сих пор нахожусь **под впечатлением** от этого фильма.	Even up to the present time, I am impressed by this film.
Бизнесмен дал своему знакомому большую сумму денег **под расписку**.	The businessman gave his acquaintance a large sum of money for which he signed in receipt.	Под давлением жены он решил сменить работу.	Under pressure from his wife, he decided to change his job.
Под Рождество молодожёны отправились в свадебное путешествие.	On Christmas eve, the newlyweds set out on their honeymoon trip.		

Задание 138. Слова, данные в скобках, употребите в правильной грамматической форме.

Use the words given in parentheses into the correct grammatical form.

1. Возраст — это слишком высокая плата за (зрелость) _____.

   Age is too high a payment for maturity.

2. За (плач) _____ наследника часто скрывается радостный смех.

   Beneath the weeping of an heir, there is often joyful laughter.

3. Я могу объяснить вам это, но не могу это понять за (вы) _____ .

I am able to explain this to you, but I am unable to understand this for you.

4. Интересно, почему не дают медаль за (победа) _____ над самим собой?!

It's interesting that medals are not given for a victory over oneself!

5. Молодой человек бежит за (девушка) _____ :

— Девушка, девушка!

Она поворачивается и спрашивает:

— В чём дело?

— Не вы случайно оставили свой зонтик в автобусе?

— Да, это я забыла.

— Хорошо. Тогда бегите за (автобус) _____ . Он ещё недалеко ушёл.

A young fellow runs after a girl:
"Miss! Miss!"
She turns around and asks:
"What's the matter?"
"Did you leave your umbrella on the bus by any chance?"
"Oh, yes! I forgot!"
" Good! Then just run after the bus. It hasn't gotten far."

Задание 139. **Переведите на русский язык.**
Translate into Russian.

1. He took her by the hand and whispered tenderly, "What did you cook for lunch, my sweetheart?"

_____

2. I am going to divorce. My friends are glad for me. My wife did not let me to drink beer with them.

_____

5.2.3. УПОТРЕБЛЕНИЕ ПРЕДЛОГА *МЕЖДУ*
USE OF THE PREPOSITION *МЕЖДУ*

ОБРАТИТЕ ВНИМАНИЕ НА ОСОБЕННОСТИ УПОТРЕБЛЕНИЯ ПРЕДЛОГА «МЕЖДУ»! PAY ATTENTION TO THE PARTICULAR WAYS IN WHICH THE PREPOSITION «МЕЖДУ» IS USED!			
РОДИТЕЛЬНЫЙ ПАДЕЖ *в метафорах, в поэзии, в фольклоре, в пословицах и поговорках*	**GENITIVE CASE** *in metaphorical expressions, in poetry, proverbs, folk songs and some sayings*	**ТВОРИТЕЛЬНЫЙ ПАДЕЖ**	**INSTRUMENTAL CASE**
Читай между строк! Он пытается сидеть меж (между) двух стульев.	Read between the lines! He tries to sit on the fence.	Между ними состоялась серьёзная дискуссия. Мы встретимся между четырьмя и пятью. Мой дом находится между церковью и рынком. Десять дней он был между жизнью и смертью.	A serious discussion took place between them. I'll meet you between four and five. My house is situated between the church and the market. For 10 days, he stayed between life and death.

Задание 140. Слова, данные в скобках, употребите в правильной грамматической форме. Use the words given in parentheses into the correct grammatical form.

1. Никогда не стойте между (собака и дерево) _____!

   Never stand between a dog and a tree!

2. Работа — это способ заполнить время между (два перекура) _____.

   Work is a method of filling in the time between two smoke breaks.

3. Различие между (реальность и роман) _____ _____ в том, что роман должен иметь смысл.

   The difference between reality and a novel is that a novel must make sense.

4. В чем главное различие между (классическая музыка и джаз) _____ _____?

   В классической музыке само сочинение важнее, чем его исполнение, а в джазе наоборот.

   What is the main difference between classical music and jazz? In classical music, the composition itself is more important than its performance, and, in jazz, it is the other way around.

5. Газетам надо чем-то заполнять пустое место между (реклама) _____.

   Newspapers must somehow fill in the empty space between ads.

6. Взаимопонимание — это кратчайшее расстояние между (две точки) _____ _____ зрения.

   Understanding is the shortest distance between two points of view.

7. Единственный вид дружбы между (две актрисы) _____ — недоверие.

   The only type of friendship between two actresses is mistrust.

Задание 141. Переведите на русский язык. Translate into Russian.

1. I divided money between two workers.

   _____

2. Which black cat ran between the friends?

   _____

3. This Commission settles disputes between Russian organizations and foreign firms.

   _____

5.2.4. УПОТРЕБЛЕНИЕ ПРЕДЛОГА *O*
USE OF THE PREPOSITION *O*

ОБРАТИТЕ ВНИМАНИЕ НА ОСОБЕННОСТИ УПОТРЕБЛЕНИЯ ПРЕДЛОГА «О»! PAY ATTENTION TO THE PARTICULAR WAYS IN WHICH THE PREPOSITION «О» IS USED!			
ВИНИТЕЛЬНЫЙ ПАДЕЖ О, ОБ, ОБО	**ACCUSATIVE CASE** *AGAINST, ON* (implying shock, or contact with an object)	**ПРЕДЛОЖНЫЙ ПАДЕЖ О, ОБ, ОБО**	**PREPOSITIONAL CASE** *ABOUT*
Выпив шампанское, они разбили бокалы об пол — на счастье.	Having drunk the champagne, they broke the glasses against the floor for the sake of happiness.	**думать / подумать** 👥 Только подумаешь о завтрашнем дне, а он уже позавчерашний.	**to think** If you only think about tomorrow, it is already the day before yesterday.
вытереть Войдя в квартиру, гость тщательно вытер ноги о коврик.	**to wipe** Having entered the apartment, the guest carefully wiped his feet on the rug.	**забывать / забыть** 👥 Вы моментально забудете обо всех бедах, если наденете очень узкие туфли.	**to forget** You may momentarily forget about all disasters if you put on very narrow shoes.
спотыкаться споткнуться 👥 Джентльмен — это человек, который камень всегда называет камнем, даже если споткнулся о него и упал.	**to stumble** A gentleman is a person who always calls a stone a stone, even if he has stumbled on it and fallen.	**болтать** Кто болтает с тобой, болтает и о тебе.	**to chat** Who chatters to you will chatter of you.
		говорить поговорить Он не любит говорить хорошо о себе, он предпочитает говорить плохо о других.	**to talk, to speak** He doesn't like to say good things about himself; he prefers to say bad things about others.
ударять(ся) ударить(ся) В темноте она ударилась об угол стола.	**to strike, to hit, to bang, to pound (oneself)** In the dark, she struck against the corner of the table.	**жалеть / пожалеть** Жалеть о потерянном времени — потеря времени.	**to regret** To regret lost time is a loss of time.
		рассказывать рассказать Расскажите мне о себе: свои мечты, свои проблемы, свой номер телефона.	**to tell** Tell me about yourself: your dreams, plans and tell your telephone number.
		мечтать Мечтаешь о миллионе? Мечтать не вредно!	**to dream** Are you dreaming about a million? To dream is not harmful!
		помнить Ты помнишь о своём обещании?	**to remember** Do you remember your promise?

Задание 142. Слова, данные в скобках, употребите в правильной грамматической форме.
Use the words given in parentheses into the correct grammatical form.

1. Культурные люди не говорят о (деньги) _____ в их отсутствие.

   Cultured people do not speak of money in its absence.

2. Только деньги помогут мне забыть о (бедность) _____.

   Only money will help me forget about poverty.

3. Человек о (многое) _____ говорит с интересом, но с удовольствием говорит только о себе (любимый) _____.

   A person talks about a lot with interest, but he speaks with pleasure only about his favorite topic, himself.

4. Биофизик говорит с физиком о биологии, а с биологом — о (физика) _____, но когда встречаются два биофизика, они говорят о (женщины) _____.

   A biophysicist talks with a physicist about biology and with a biologist about physics, but when two biophysicists get together, they talk about women.

5. Если у тебя нет врагов, значит, фортуна о (ты) _____ забыла.

   If you have no enemies, Fortune has forgotten about you.

6. Меняю книгу о (вкусная и здоровая пища) ___ _____ на вкусную и здоровую пищу!

   I am exchanging a book about tasty and healthy food for tasty and healthy food!

7. Влюблённый — это человек, который думает о (другой человек) _____ почти так же хорошо, как о себе самом.

   A person in love is one who thinks almost as much of another as he does of himself.

Задание 143. Переведите на русский язык.
Translate into Russian.

1. Don't say bad things about yourself! Others will do this when you leave.

   _____

2. God thinks about us, but he does not think for us.

   _____

3. An actor is a person who thinks about himself or about what others think about him.

   _____

4. He is the greatest actor because he forces the viewer to forget about the snack bar.

   _____

5.3. УПОТРЕБЛЕНИЕ ПРЕДЛОГОВ С ТРЕМЯ ПАДЕЖАМИ
PREPOSITIONS USED WITH THREE CASES

ОБРАТИТЕ ВНИМАНИЕ НА ОСОБЕННОСТИ УПОТРЕБЛЕНИЯ ПРЕДЛОГА «ПО»! PAY ATTENTION TO THE PARTICULAR WAYS IN WHICH THE PREPOSITION «ПО» IS USED!		
ДАТЕЛЬНЫЙ ПАДЕЖ **ПО** DATIVE CASE ON, BY	**ВИНИТЕЛЬНЫЙ ПАДЕЖ** **ПО** ACCUSATIVE CASE UP TO	**ПРЕДЛОЖНЫЙ ПАДЕЖ** **ПО** PREPOSITIONAL CASE ON / UPON
1. Они часто **гуляли по берегу** моря. They often took walks along the seashore. В это время **по радио** обычно **передают** новости. At this time, they usually broadcast the news on the radio. 2. Я целый день **ходил по магазинам**. I spent all day walking round the shops. Директор сейчас **говорит по телефону**. Director is speaking on the phone now. 3. Он **дал** ученикам **по (одной) книге**. He gave the pupils a book each. У 25 % семей **было по одному ребёнку**. 25 % of families had one child each. 4. Мы **смотрели фильм по телевизору**. We watched a film on TV. 5. Как зовут вашего **преподавателя по русскому языку**? What is your Russian teacher's name? Она была на **лекции по экономике**. She attended the lecture on Economics. Он **чемпион по боксу**. He is the boxing champion. 6. **По воскресеньям** они играют в теннис. They play tennis on Sundays.	1. У меня отпуск с десятого **по двадцатое** мая. I am on leave from the tenth to the twentieth of May inclusive. 2. Мои руки были **по локоть** в грязи. My arms were muddy up to the elbows. Он стоял **по пояс (по грудь)** в воде. He stood in the water up to the waist (up to his chest). 3. **по два / две, по три, по четыре** two, three, four ... each Мы выпили **по две** чашки кофе. We drank two cups cafe each. 4. Прости, на этой неделе не могу встретиться с тобой, потому что у меня **дел по горло**. Forgive me, this week, I cannot meet with you because I am up to my neck in things to do. Все уже **сыты по горло** обещаниями руководства. Everyone is already fed up to the gills with the promises of management.	**по прибытии, по приезде** **on (upon) arrival** **По прибытии** в страну иностранные граждане обязаны пройти регистрацию, медицинское обследование. Upon arrival in the country, foreign citizens are obligated to pass registration, medical examination. **по возвращении** **upon return** **upon returning** **По возвращении** из армии сын продолжил учёбу в университете. Upon returning from the army, the son continued his studies at the university. **по истечении** **upon expiration** Сотрудник фирмы был уволен **по истечении** срока договора. An employee of the firm was dismissed upon the expiration of the time period of the agreement. **по окончании** **upon finishing / completion** **По окончании** театрального института артист не только работал в театре, но и снимался в кино. Upon completion of the theatrical institute, the actor not only worked in the theater but filmed in movies.

Задание 144. Слова, данные в скобках, употребите в правильной грамматической форме.
Use the words given in parentheses into the correct grammatical form.

1. Давай погуляем по (наш сад) _____!

   Let's walk round our garden!

2. Грабитель ударил его по (голова) _____.

   The robber hit him on the head.

3. Я купил телефон по (сниженная цена) _____ _____.

   I have bought the telephone at a reduced price.

4. Он подарил всем девушкам по (один цветок) _____.

   He gave all the girls one flower each.

5. По (окончание) _____ университета она получила работу в известной фирме.

   Upon finishing the university, she received work in a firm of repute.

Задание 145. Слова, данные в скобках, употребите в правильной грамматической форме.
Use the words given in parentheses into the correct grammatical form.

1. Деньги — подарок, который каждому подойдёт по (размер) _____.

   Money is a gift which each person is suited for according to his size.

2. Прежде чем проехать по (мост) _____ проверьте, что мост существует.

   Before driving across a bridge, check that the bridge exists.

3. Не пишите писем: не делайте грамматических ошибок, лучше звоните по (телефон) _____!

   Don't write letters; don't make grammatical errors; it is better to call on the phone.

4. Совершенная любовная связь — это та, которая осуществляется исключительно по (почта) _____.

   The perfect love affair is one which is conducted entirely by post.

5. Хорошо ли мужчине на вечеринке, можно узнать по (выражение) _____ лица его жены.

   You can tell if a husband is having a good time at a party by the expression on his wife's face.

6. — Ну, что вы с женой решили по (повод) _____ Нового года?
   — Мы решили: пусть наступает!

   "Well, what did you and your wife decide to do about the New Year?"
   "We decided to let it arrive!"

Задание 146. Слова, данные в скобках, употребите в правильной грамматической форме.
Use the words given in parentheses into the correct grammatical form.

1. Молитва:
   — Господи, спаси и сохрани моего соседа от покупки вещей, которые мне не по (карман) _____!

   A prayer:
   "Lord save and preserve my neighbor from buying things which I cannot afford!"

2. У нашего повара чёрный пояс по (кулинария) _____, и он может легко доказать это одной котлетой.

   Our cook has a black belt in the Culinary Arts, and he can easily prove it with a single cutlet!

3. Полёт мысли отменяется по (метеорологические условия) _____ _____.

   A flight of the mind has been cancelled due to meteorological conditions.

4. Объявление. Предсказываю судьбу по (статьи) _____ Уголовного кодекса.

I predict fate according to the articles of the criminal code.

5. По (статистика) _____, телевизор имеют 99 % семей, а ванну — 94 %, поэтому понятно, что мозги промываются чаще, чем всё остальное.

According to statistics 99 % of families have a television, and 94 % have bath tubs; therefore it is understandable that brains are washed more often than all the other parts.

6. Если судить по (зарплата) _____, то можно судить.

If it were possible to prosecute according to one's income there would be many to prosecute!

Задание 147. Переведите на русский язык.
  Translate into Russian.

1. I am here by invitation.

_____

2. It is pleasant to wander about the streets of Petersburg.

_____

3. They all learned from the same books.

_____

4. One may bring up children by the book, but each child needs to have his own book.

_____

5. It is necessary to judge great people not by their doubtful and weak spots but by their numerous successes.

_____

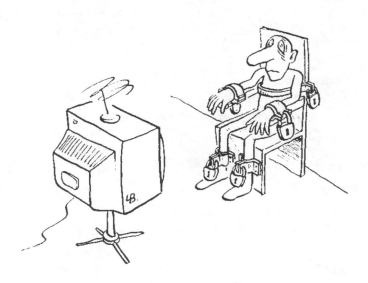

5.3.1. УПОТРЕБЛЕНИЕ ПРЕДЛОГА *ПО*
USE OF THE PREPOSITION *ПО*

ЗАПОМНИТЕ! Предлог «по» используется с данными словами.	MEMORIZE! The preposition «в» is utilized with the given words.
по болезни По болезни он не участвовал в соревнованиях.	**through illness** Because of illness he did not participate in the competitions.
по весне По весне старики всегда уезжают на дачу. **по осени** Кажется, я видел их как-то по осени.	**in spring** In spring, the old folks always leave for the dacha. **in the fall** I seem to see them somehow in the fall.
по (чьей?) вине / по вине (кого?) По твоей вине мы опоздали на концерт!	**through…fault** It was your fault that we were late to the concert!
по внешнему виду По его внешнему виду было незаметно, что он очень волновался.	**by external appearances / from his (her) looks** From his appearance, it was noticeable that he was agitated.
по глупости **по легкомыслию** Он по глупости потерял всё самое дорогое, что имел.	**because of stupidity** **because of flippancy** Because of stupidity, he lost all the most valuable things that he had.
по делу Коллега всегда звонит мне только по делу.	**on business** My colleague always calls me only on business.
по желанию По желанию вы можете заказать пиццу на дом.	**as…wish; in accordance with … desire** If you wish, you may have pizza delivered to your home.

Задание 148. **Замените выделенные части предложения синонимичными с предлогом «по».
Используйте слова из таблицы.**

Replace the bolded parts of the sentence with synonyms which contain the preposition «по». Use the words from the table.

Образец: Отец ушёл, **потому что у него какие-то дела**. — Dad left because he had some things to take care of. Отец ушёл **по каким-то делам**.

1. Студент **болел**, поэтому пропустил несколько занятий. — The student became ill; therefore, he missed several classes.

   _____

2. **Весной** мы будем сажать фруктовые деревья в саду. — In the spring, we will plant fruit trees in the garden.

   _____

3. **Шофёр такси виноват** в том, что мы опоздали на самолёт. — The taxi driver is guilty that we were late for the plane.

   _____

4. **Осенью** наши старики уедут в город. — In the fall, the our grandparents will leave for the town.

   _____

5. Вы можете взять у меня любую книгу, которую **пожелаете.** — You may take any book of mine that you like.

_____

6. **Глупо,** что я рассказал обо всём коллеге. — It's stupid that I told my colleague about everything.

_____

Задание 149. **Переведите на русский язык.**
Translate into Russian.

One may judge how much a man makes by his outer appearance, and how much he spends by the outer appearance of a woman.

_____

_____

Задание 150. **Закончите предложения словами из таблицы.**
Finish the sentences with words from the table.

Образец: Мы сразу поняли, что клиент богатый человек, это было видно ...
Мы сразу поняли, что клиент богатый человек, это было видно **по его внешнему виду.**
We immediately understood that the client is a rich person; this was obvious from the cut of his rig.

1. Мне сейчас не до шуток, я пришёл к тебе _____.

I'm not up to joking right now; I have come to you...

2. Домик в деревне мы решили начать ремонтировать _____.

We decided to begin remodeling our little house in the country...

3. Я отказался от этой денежной работы _____.

I refused to do this work for money...

4. Преподаватель сказал, что студенты могут сделать ещё одно упражнение _____.

The instructor said the students could do one more exercise...

5. Кого он вам напоминает _____?

Who does he remind you of...?

по закону По закону вы имеете полное право на отпуск.	**according to the law** According to the law, you have the complete right to a vacation.
по имени Напротив нас жила соседка по имени Лена. Я всегда обращаюсь к нему по имени и отчеству.	**by name instructions** Our neighbor named Lena lived across from us. I always call him by his first name and patronymic.
по инструкции Мы всё сделали по инструкции, но аппарат всё равно не работал.	**in accordance with** We did everything according to the instructions, but the apparatus still didn't work.
по любви Они поженились по любви.	**according to love, through love** They got married because they loved each other.
по (чьему?) мнению По-моему, случай редко стучится дважды.	**in smb's opinion** In my opinion, opportunity seldom knocks twice.

171

PREPOSITIONS

по моде Его подруга всегда одевается по моде.	in style, fashionably His girlfriend always dresses in style.
по молодости По молодости я часто совершал ужасные ошибки.	because of youth, inexperience Because of my youth, I often made terrible mistakes.

Задание 151. Замените выделенные части предложения синонимичными с предлогом «по». Используйте слова из таблицы.
Replace the bolded parts of the sentence with synonyms which contain the preposition «по». Use the words from the table.

Образец: Сестра всегда **модно** одевается. — My sister always dresses in style.
Сестра всегда одевается **по моде**.

1. У нас была собака, **которую звали** Далила. — We had a dog named Dalila.

_____

2. **Я думаю**, что это хороший проект. — I think this is a good project.

_____

3. Он женился на ней не из-за денег, а **потому что любил её.** — He married her not because of money but because he loved her.

_____

4. **Когда дядя был молодым,** он часто попадал в полицию. — When he was young, my uncle always got in trouble with the police.

_____

5. Надо всё сделать, **как написано в инструкции.** — You must do everything as written in the instructions.

_____

Задание 152. Переведите на русский язык.
Translate into Russian.

"How much would you like to earn in order to consider yourself happy?" they asked Bernard Shaw. "As much as I earn in the opinion of my neighbors," answered Shaw.

_____

_____

по невнимательности	through carelessness
В тесте я сделал несколько ошибок по невнимательности.	I made a few careless mistakes on the test.
по незнанию	because of ignorance
По незнанию он принял не то лекарство.	Because of ignorance, he took the wrong medication.
по неопытности	because of, through inexperience
По неопытности он не знал, что делать.	Because of inexperience, he didn't know what to do.
по неосторожности	because of carelessness
По неосторожности она оставила дверь открытой.	She carelessly left the door open.
по ошибке	by mistake
По ошибке я взял не свой зонтик.	By mistake, I took somebody else's umbrella.
по плану	according to plan
Все шло по плану.	Everything went according to plan.

Задание 153. **Замените выделенные части предложения синонимичными с предлогом «по».**
Используйте слова из таблицы.
Replace the bolded parts of the sentence with synonyms which contain the preposition «по». Use the words from the table.

1. Я сделал **неосторожное движение** и разбил тарелку. — I made a careless movement and broke a plate.

   _____

2. Водитель проехал на красный свет, **потому что не был внимательным.** — The driver went through a red light because he was not paying attention.

   _____

3. Ребёнок сделал это, **потому что не знал, что так делать нельзя.** — The child did this because he didn't know that it is forbidden to do it.

   _____

4. Молодой коллега сделал эту ошибку, **потому что у него мало опыта.** — The young colleague made this mistake because he has had little experience.

   _____

5. **Она ошиблась,** потому что взяла вместо своей ручки мою. — She made a mistake because she took my pen instead of her own.

   _____

Задание 154. **Переведите на русский язык.**
Translate into Russian.

1. Four wives left me because I regarded them as maids by mistake.

   _____

2. It is possible to buy something by mistake but one must not sell something by mistake.

   _____

по поводу **по любому поводу** По этому поводу лучше посоветоваться с юристом. Хватит устраивать скандалы по любому поводу!	**with regard, in connection with, apropos** **at the slightest pretext** It would be better to consult a lawyer about that. One should not start a scandal for jus any reason!
по правде сказать По правде сказать, вчера я выпил слишком много пива.	**to tell the truth** To tell the truth, I drank a little too much wine yesterday.
по правилам Ты играешь не по правилам! По правилам дорожного движения вы должны были пропустить трамвай.	**according to the rules** You are not playing according to the rules! According to the traffic rules, you should have yielded to the streetcar.
по праву Она по праву заняла первое место на конкурсе. Он по праву считается лучшим специалистом в таких делах.	**by right** She rightfully took first place in the competition. He is rightfully considered to be the best specialist in such things.
по предложению По предложению сестры мы решили подарить матери картину.	**by suggestion** According to my sister's suggestion, we decided to give mother a painting.
по привычке После кофе отец по привычке закурил.	**by habit** After coffee, dad, as was his custom, began smoking.
по приглашению Она ездила в Америку по приглашению друзей.	**by invitation** She went to America by invitation of her friends.
по приказу, по распоряжению Он был уволен по приказу директора. По распоряжению мэра здесь будет бесплатная стоянка (парковка) машин.	**by order, by disposition of, by order of** He was fired by order of the director. By order of the Mayor, there will be a free parking lot here.
по примеру Занимайся спортом по примеру брата!	**by example** Get involved in sports like your brother's example!
по природе По своей природе он тихий и безобидный пёс (=собака).	**by nature** By nature, he is a quiet and harmless dog.
по причине По какой причине вы отсутствовали (= не были) вчера на работе? **по уважительной причине** Вчера она отсутствовала на лекциях по уважительной причине.	**by reason** What was your reason for not being at work yesterday? **for a good reason** Yesterday, she did not attend lectures for a good reason.

Задание 155. Слова, данные в скобках, употребите в правильной грамматической форме.
Use the words given in parentheses into the correct grammatical form.

1. Мы с мужем развелись по (религиозные причины):_____ я не была согласна с мужем, что он Бог.

   My husband and I divorced for religious reasons; I did not agree that he was God.

2. В первый раз он женился по (любовь) _____, во второй раз — от скуки, в третий раз — по (расчёт) _____, а потом уже по (привычка) _____.

   The first time he married for love, the second time he does that out of boredom, the third time he does that for money, and then already out of habit.

3. Каждый раз я женился по (неразумные причины)_____, зато разводился по (разумные) _____.

   Every time, I got married I did so irrationally; on the other hand, I did get divorced for logical reasons.

Задание 156. Замените выделенные части предложения синонимичными с предлогом «по». Используйте слова из таблицы.
Replace the bolded parts of the sentence with synonyms which contain the preposition «по». Use the words from the table.

1. Он не пришёл на работу, **потому что у него была уважительная причина.** — He didn't come to work because he had a good reason.

   _____

2. Дочь тоже начала бегать по утрам, **как это делает её мать.** — The daughter started to run around in the mornings just like her mother does.

   _____

3. Я это сделал потому, что **директор приказал.** — I did this because the director ordered it.

   _____

4. Летом она ездила в Данию, **потому что её приглашали друзья.** — During the summer she went to Denmark because her friends invited her.

   _____

5. Она **привыкла вставать рано,** поэтому и в воскресенье встала в 7 часов. — She had grown accustomed to rising early; therefore on Sunday she got up a 7 a.m.

   _____

6. **Если сказать правду,** я не хочу делать это упражнение. — To tell the truth, I do not want to do that exercise.

   _____

7. **Коллега предложил,** и мы сделали некоторые изменения в проекте. — Our colleague suggested, and we made several changes in the project.

   _____

8. **Мы планируем завтра пойти на экскурсию** в Эрмитаж. — We plan an excursion to the Hermitage tomorrow.

   _____

по проблеме / по проблемам Через неделю состоится конференция по проблемам строительства дамбы.	**on problem(s)** In a week, a conference will take place on problems of the construction of damns.
по происхождению По происхождению он итальянец, но уже давно живёт в Америке.	**by descent, national origin** By national origin, he is an Italian, but has been living in America for some time now.
по просьбе По просьбе друга я передал пакет его знакомой.	**by request** By the request of my friend, I gave the packet to his acquaintance.
по рассеянности Друг по рассеянности оставил свой шарф в кафе.	**absent-minded(ness)** My friend absent-mindedly left his scarf in the café.
по силам Ты уверен, что тебе по силам перевести этот текст? Нам одним не по силам отремонтировать дом.	**to have strength** Are you certain that you have the strength to translate this text? We don't have the strength to remodel the house ourselves.
по совету Он это сделал по совету родителей.	**on / according to advice** He did this on the advice of his parents.
по средствам = по карману У тебя никогда нет денег, потому что ты живёшь не по средствам. Мне не по средствам купить этот дом. Лучшие вечеринки организуют те, кому они не по карману.	**within one's means** You never have money because you do not live within your means. I don't have the means to buy this house. The best parties are organized by those who cannot afford them.
по теме Вы уже писали контрольную работу по этой теме?	**on the theme** Have you already written an exam on this theme?
по традиции По старой семейной традиции Рождество мы отмечаем дома, вместе с родителями.	**according to tradition** According to our old family tradition, we celebrate Christmas at home with our parents.

Задание 157. Слова, данные в скобках, употребите в правильной грамматической форме.
Use the words given in parentheses into the correct grammatical form.

1. Богатство лучше, чем бедность, но только по (финансовые причины) _____ _____.

   Wealth is better than poverty but only for financial reasons.

2. Очень трудно экономить, если твои друзья живут не по (средства) _____.

   It is very difficult to economize if your friends do not live according to their means.

Задание 158. Переведите на русский язык.
Translate into Russian.

The more money you have the more difficult it is to live within your means.

Задание 159. **Замените выделенные части предложения синонимичными с предлогом «по». Используйте слова из таблицы.**

Replace the bolded parts of the sentence with synonyms which contain the preposition «по». Use the words from the table.

Образец: Сегодня он встал рано, **потому что привык так вставать.** — Today he got up early because he was used to it.

Сегодня **по привычке** он встал рано. — Today he got up early, as was his custom.

1. **У меня нет средств,** чтобы купить эту машину. — I do not have the means to buy this car.

_____

2. Я купил этот компьютер, **потому что мне посоветовал один знакомый.** — I bought this computer because an acquaintance of mine advised me to do it.

_____

3. Подруга испекла блины, **потому что мы попросили её об этом.** — My lady friend baked pancakes because we requested that she do that.

_____

4. Я отказался от этой работы, **потому что были разные причины.** — I refused this work because of various reasons.

_____

5. На Пасху в России **традиционно** пекут куличи и готовят пасху. — For Easter in Russia, they traditionally bake kulich (Easter cake) and prepare paskha (Easter dishes).

_____

Задание 160. **Ответьте на вопросы, используя слова из таблицы выше.**

Answer the questions using words from the table above.

1. Вы можете поднять автомобиль? — Are you able to lift an automobile?

_____

2. Почему вы не принесли учебник на урок? — Why didn't you bring your textbook to class?

_____

3. Вы можете купить себе яхту? — Are you able to buy yourself a yacht?

_____

4. Почему когда новый корабль спускают на воду, о его борт разбивают бутылку шампанского? — Why do they break a bottle of champagne against the side of a new ship when they launch it into the water?

_____

5.3.2. УПОТРЕБЛЕНИЕ ПРЕДЛОГА *С*
USE OF THE PREPOSITION *C*

ОБРАТИТЕ ВНИМАНИЕ НА ОСОБЕННОСТИ УПОТРЕБЛЕНИЯ ПРЕДЛОГА «С»! PAY ATTENTION TO THE PARTICULAR WAYS IN WHICH THE PREPOSITION «С» IS USED!		
РОДИТЕЛЬНЫЙ ПАДЕЖ *С* **GENETIVE CASE** *FROM*	**ВИНИТЕЛЬНЫЙ ПАДЕЖ** *С* **ACCUSATIVE CASE** *ABOUT; THE SIZE OF*	**ТВОРИТЕЛЬНЫЙ ПАДЕЖ** *С* **INSTRUMENTAL CASE** *WITH*
1. Я работаю **с девяти** до шести вечера. I work from 9 a.m. until 6 p.m. **С нового года** цены опять повысятся. From the new year, prices will again rise. 2. Во сколько он возвращается **с работы**? At what time does he return from work? 3. Это слово пишется **с большой буквы**. This word is written with a capital letter.	1. Мы жили там **с неделю**. We lived there for about a week. 2. Слива величиной **с яблоко**. A plum of apple size. 😃 В журналах много фотографий женщин до и после диеты: на первом снимке они в платье шириной **с целую страну**, а на последнем выглядят как модно одетый термометр. In magazines, there are many photos of women before and after a diet: in the first photo, they are in a dress as wide as a whole country, but in the last, they look like a fashionably dressed thermometer.	1. **Мы с другом** каждую неделю ходим в бассейн. My friend and I go to the swimming pool every week. 2. У меня нет **с собой** денег. I have no money with me. 3. Он вёл машину **со скоростью** 150 километров в час. He was driving the car at a speed of 150 kilometers per hour.

Задание 161. Слова, данные в скобках, употребите в правильной грамматической форме.
Use the words given in parentheses into the correct grammatical form.

1. Это была любовь с (первый взгляд) _____ _____ до последней копейки.

   It was love at first sight to the last kopeck (cent).

2. Умный человек спорит с (жена) _____ молча.

   An intelligent man quarrels with his wife silently.

3. Адвокат с (ручка) _____ легко может украсть больше, чем сто парней с (револьверы) _____.

   A lawyer with a pen may easily steal more than 100 guys with revolvers.

4. Идеальный подарок мужчине, у которого всё есть, — это женщина, которая знает, что со (всё это) _____ делать.

   The ideal gift for a man who has everything is a woman who knows what to do with it all.

5. Пластический хирург говорит пациенту: — Мы можем сделать с (ваш нос) _____ всё, что вы захотите, кроме одного: мы не можем изменить его так, чтобы он не лез в чужие дела.

   A plastic surgeon speaks to a patient, "We can do whatever you want with your nose except for one thing; we can't change it so that it won't get into other people's business!"

6. Будь любезен с (люди) _____, пока не заработаешь свой первый миллион. А потом уже люди будут любезны с (ты) _____.

Be kind to people until you earn your first million. Then people will be kind to you.

7. Бог создал женщину после мужчины, чтобы ей было с (кто) _____ поговорить.

God created woman after man so that she would have someone to talk to.

8. Приходит покупатель в магазин с (кусок) _____ сыра.
— Вы продали мне вместо швейцарского сыра датский.
— А как вы это узнали: вы с (он) _____ разговаривали?

A customer comes into a store with a piece of cheese.
"You sold me Danish cheese instead of Swiss."
"Just how did you find that out? Were you conversing with it?"

9. Лучше брака с (миллионер) _____ может быть только развод с (он) _____.

The only thing better than marriage to a millionaire is a recent divorce from him.

10. Активная жизнь начинается с (нежелание) _____ вставать.

Active life begins when one does not feel like getting up.

11. Для адвоката идеальный клиент — это очень богатый человек с очень (большие неприятности) _____.

The ideal client for a lawyer is a very rich man with very big troubles.

12. Невозможно иметь всё сразу, поэтому я начну с (деньги) _____.

It's not possible to have everything at once; therefore, I will begin with money.

Задание 162. Слова, данные в скобках, употребите в правильной грамматической форме. Use the words given in parentheses into the correct grammatical form.

1. Если муж уехал отдыхать с (лучшая подруга) _____ жены, то жене её будет очень не хватать.

If husband has left to go on vacation with his wife's best friend, the wife will really miss her.

2. Всё в жизни начинается с (надежда) _____, а заканчивается привычкой.

Everything in life begins with hope and ends with habit.

3. — Что случилось с (ваш новый садовник) _____?
— Понимаете, ему сказали убрать листья в саду.
— Ну и что?
— Ну, он упал с (дерево) _____.

"What happened to your new gardener?"
"You know, he was told to clear away the leaves in the garden."
"Well, so?"
"Well, he fell out of the tree."

4. Народные приметы:
Если утром вы встанете с (левая нога) _____, — это не ваш день!
Если встанете с (правая нога) _____, то будет хороший день.
А если вы вообще не смогли встать на ноги — значит, хороший день был вчера.

Folk saying:
If you get up in the morning on your left foot, it's just not your day!
If you get up on your right foot, then, it's going to be a good day.
And if in general you cannot get up at all, this means that the good day was yesterday.

5. Прежде чем выйти замуж за разведённого, сначала пообедай с (его бывшая жена) _____.

Before marrying a man who is divorced, have lunch with his former wife.

6. Путь к сердцу мужчины станет короче с (помощь) _____ хорошего бифштекса.

The path to the heart of a man will be shorter with the help of a good steak.

7. Опускаясь с (небо) _____ на землю, не забудь раскрыть парашют!

When falling from heaven to earth, don't forget to open your parachute!

8. Только здесь можно получить стакан кофе размером с (ведро) _____, с (любой аромат) _____ _____, кроме кофейного!

Only here it's possible to receive a glass of coffee the size of a pail with any aroma except coffee.

9. Не путайте детей с (ангелы) _____!

Do not confuse children with angels!

Задание 163. **Слова, данные в скобках, употребите в правильной грамматической форме.** Use the words given in parentheses into the correct grammatical form.

1. Я никогда не повторяю сплетни, поэтому запоминайте с (первый раз) _____.

I never repeat gossip; therefore, memorize it the very first time.

2. Самое трудное в боксе — собирать свои зубы с (пол) _____ рукой в боксёрской перчатке.

The most difficult thing about boxing is collecting your teeth from the floor with your hand in a boxing glove.

3. С (деньги) _____ трудно, когда их нет.

The difficult thing about money is not having any.

4. Еда — это краткое перемирие с (действительность) _____.

Food is a short armistice with reality.

5. Младенец с (соска) _____ глядит на мужчину с (трубка) _____ как на старшего друга.

An infant with a pacifier looks at a man with a pipe like an old (senior) friend.

6. Дети внимательно слушают только тогда, когда говорят не с (они) _____.

Children listen carefully only when you're not speaking to them.

7. Жизнь уходит так быстро, как будто ей с (мы) _____ неинтересно.

Life passes so quickly as if uninterested in us.

8. Все мы на этой земле с (краткий рабочий визит) _____.

We're all on a short working visit on this earth.

9. Её карьера актрисы началась с (главная роль) _____, которую она сыграла в жизни известного режиссёра.

Her career as an actress began with the chief role which she played in the life of the famous director.

10. — Дочка, сходи на кухню и принеси 10 тарелок!
— Мам, а зачем тебе столько тарелок?
— Мне надо серьёзно поговорить с (твой отец) _____!

"Daughter, run to the kitchen and bring 10 plates!"
"Mom, what are so many plates for?"
" I have to have a serious talk with your father!"

Задание 164. **Переведите на русский язык.** Translate into Russian.

1. Love begins with great feelings but ends with banal scandals.

_____

2. Success is a meeting of preparation with possibility.

_____

3. It is not possible to get into paradise with dry eyes.

_____

4. It's better to haul rocks with a smart person than drink beer with a dolt.

_____

5. Comedy is a tragedy which happened not with us.

_____

6. In order for a man to give more money to the family, it is necessary to divorce him.

_____

7. Some politicians have to carry a tag with a price.

_____

8. Live with people as if God is looking at you; speak with God as if people are listening to you.

_____

5.3.3. ПОВТОРЕНИЕ ВСЕХ ПРЕДЛОГОВ
REVIEW OF ALL PREPOSITIONS

Задание 165. Слова, данные в скобках, употребите в правильной грамматической форме.
Use the words given in parentheses into the correct grammatical form.

1. На приёме у (врач) _____:
— У (вы) _____ стресс. Вам надо расслабиться. В (такие случаи) _____ _____ я, например, беру свою жену и иду с (она) _____ в (ресторан) _____.
— Спасибо, доктор, за совет. Скажите, пожалуйста, номер телефона вашей жены!

Consulting with the doctor:
"You have a stress problem. You need to relax. In such cases, I, for example, take my wife and go with her to a restaurant."
"Thanks for your advice, doctor. Tell me, please, what is your wife's phone number?"

2. Вор пытается открыть дверь квартиры. В (этот момент) _____ приоткрывается дверь соседней квартиры, из-за (которая) _____ слышится голос:
— Они прячут свои драгоценности в (ваза) _____, а деньги — под (аквариум) _____.

A thief was attempting to open the door of an apartment. At that moment, the door of the neighboring apartment opened just a little bit; a voice was heard from behind the door, "They hide their valuables in a vase, and their moneys under the aquarium!"

3. — Как узнать чем отличаются настоящие швейцарские часы от (поддельные) _____?
— Очень просто! Перед (то) _____ как заплатить за часы, бросьте их со (вся сила) _____ на (пол) _____.
Если продавец сразу же упадёт в обморок, то можете смело покупать эти часы!

"How may one find out the difference between a real Swiss watch and a fake?"
"It's very simple! Just before you pay for the watch, throw it on the floor as hard as you can. If the salesman faints right on the spot you may confidently buy the watch!"

4. Мужчина утром после (встреча) _____ Нового года, небритый, с (красные глаза) _____, стоит перед (зеркало) _____ и говорит задумчиво:
— Так вот ты какой, человек нового года...

On New Year's morning one fellow stood before the mirror unshaven, red eyed, and said thoughtfully, "So here you are, a man of the New Year!"

5. Тост.

Шёл я как-то ночью через парк. Луна, звё-зды. Парень с (девушка) _____ целуются на (скамейка) _____. Романтика! Иду в другой раз: луна, звё-зды, и тот же парень на (та же скамейка) _____ целуется с (дру-гая девушка) _____. Иду в третий раз: ночь, луна, звё-зды, тот же парень на (то самое место) _____ целуется с (третья девушка) _____. Так выпьем же за постоянство мужчин и за непостоянство женщин!

Toast.

On night I was walking through a park. Moonlight, stars. A young fellow and a girl were kissing on a bench. Romance! I go there another time: Moonlight, stars, and the same guy on the same bench kissing another girl. I go there a third time: night, moonlight, stars. The same young fellow on the same place with yet a third girl. So let's drink to the constancy of men and the inconstancy of women!

6. Один известный писатель не заботился о (своя одежда) _____: его всегда можно было увидеть в (тот же са-мый плащ и старая шляпа) _____ _____. Однажды на (улица) _____ некто, встретив писателя, сказал ему:
— Неужели этот жалкий предмет на (ваша голова) _____ называется шляпой?
Писатель ответил вопросом на вопрос:
— А вы, наверное, считаете, что этот жалкий предмет под (ваша шляпа) _____ называется го-ловой?

A certain famous writer didn't care about his clothing. You would always see him in the very same raincoat and old hat. One time a certain person, upon meeting the writer on the street, said to him, "Really is that sad-looking thing on your head called a hat?" The writer answered with a question of his own, "And you probably think that sorry-looking thing under your hat is called a head?"

7. На день рождения сын подарил мне то, о (что) _____ я давно мечтал, — ключи от (моя же машина) _____!

For my birthday, my son gave me what I've long been dreaming about there are the keys to my own car.

8. На (сцена) _____ выступает певица. В (зал) _____ сидит соперница по (сцена) _____. После (концерт) _____ они встречаются за (кулисы) _____.
— Ты сегодня прекрасно выглядишь в (это потрясающее платье) _____ _____! У (ты) _____ красивая причёска. Тебе очень идёт эта пома-да. Кстати, дорогая, а что у тебя случилось с (голос) _____?

A songstress is performing on stage. Her stage rival sits in the hall. After the concert, they meet back stage. "You look wonderful in that striking dress! And you have a charming hairstyle. This lipstick really looks good on you. By the way, my dear, what happened to your voice?"

9. — Моя жена говорит на (три языка) _____ _____.
— А моя — на (один) _____, но с (утро) _____ до (вечер) _____.

"My wife speaks three languages."
"And mine speaks only one, but from morning till night."

10. Тост

Однажды шли по (дорога) _____ три странника. Когда наступила ночь, они постучали в один дом на (окраина) _____ деревни. Хозяин открыл дверь и спросил:

— Кто вы такие?

— Нас зовут Здоровье, Любовь и Богатство. Можно нам переночевать у (вы) _____?

— Очень жаль, но у (мы) _____ только одно свободное место. Я должен посоветоваться с (семья) _____, кого из (вы) _____ впустить.

Больная мать сказала, что надо впустить Здоровье. Жена возразила ей, что лучше впустить Богатство, а дочь попросила отца впустить Любовь. Пока они спорили друг с (друг) _____, странники ушли.

Давайте выпьем за то, чтобы в (ваш дом) _____ всегда было место для (Здоровье, Любовь и Богатство) _____ _____!

Toast

Once upon a time, three strangers were walking down a road. When night fell they knocked on the door of a house on the outskirts of a village. The master of the house opened the door and asked:

"Just who are you?"

"We are called Health, Love, and Wealth. May we spend the night at your place?"

"I'm really sorry, but we have only one free place. I'll have to consult with my family to decide which one of you to allow in."

The host's sickly old mother said that they should admit Health. His wife objected and said that it would be better to let Wealth in, but his daughter requested that her father allow Love to pass through. While they were quarreling with each other, the strangers left.

Let's drink to the hope that in your household there will always be a place for Health, Love, and Wealth!

Задание 166. **Переведите на русский язык.**
Translate into Russian.

1. In order to be always in your right place, carry a chair with you!

_____

2. He loved her so strongly that he was ready to kiss the ground in which her father found oil.

_____

3. I did not believe in the lie detector, but I married one of them.

_____

4. If your wife listens to your every word, this means that she is searching for a hole in your alibi.

_____

Задание 167. **Слова, данные в скобках, употребите в правильной грамматической форме с предлогами «по», «от», «из».**
Use the words given in parentheses into the correct grammatical form with the prepositions «по», «от», «из».

1. Я торопился и (ошибка) _____ набрал не тот номер телефона.

I was in a hurry and dialed the wrong number by mistake.

2. Сегодня я ужинаю с друзьями (университет) _____.

Today, I am having dinner (supper) with some old university friends.

3. Она (принцип) _____ не хотела больше писать ему.

She as a matter of principle did not want to write to him any longer.

4. Он (неосторожность) _____ пролил кофе на костюм.

Out of carelessness, he spilled coffee on his suit. (He carelessly spilled coffee on his suit.)

5. Она ушла из фирмы (собственное желание) _____.

She left the firm of her own volition.

6. Старик признался, что в жизни сделал много ошибок (молодость) _____.

The old man acknowledged he had made many mistakes during his life.

7. Мы (благодарность) _____ подарили ему хороший сувенир.

As an expression of gratitude, we gave him a good souvenir.

8. Отец согласился на операцию (рекомендация) _____ врача.

Dad agreed on the operation upon the recommendation of his physician.

9. Молодой специалист часто делает ошибки (неопытность) _____.

A young specialist often makes mistakes due to inexperience.

10. Подруга часто теряет свои вещи (рассеянность) _____.

My friend often loses her things out of absentmindedness.

11. Мой плащ был мокрым (дождь) _____.

My raincoat was wet with the rain.

Задание 168. **Изменитe предложения, используя предлоги «по», «из», «от».**
Change the sentences using the prepositions «по», «из», «от».

1. **Так как было очень жарко,** всем хотелось пить. — Since it was so hot, everybody felt like drinking.
_____

2. Он **так устал,** что не мог даже смотреть телевизор. — He was so tired that he could not even watch TV.
_____

3. Я купил эту книгу, **потому что её посоветовала мне моя подруга.** — I bought this book because my friend recommended it.
_____

4. **Соседка любопытная** и поэтому любит приходить к нам. — Our neighbor lady is curious; therefore, loves to come over and see us.
_____

5. Он должен заплатить большой штраф, **потому что так решил суд.** — He had to pay a big fine because that's what the court decided.
_____

6. Я сделаю это только **потому, что уважаю вас.** — I'll do it only because I respect you.
_____

7. Ребёнку **было так страшно,** что он долго не мог уснуть. — The child was so frightened that he could not fall asleep for a long time.
_____

Задание 169. **Измените предложения, используя предлоги «по», «из», «от».**
Change the sentences using the prepositions «по», «из», «от».

1. Мы не хотим, чтобы этот человек умер, **потому что ему нечего есть.** — We don't want this person to die because he has nothing to eat.
_____

2. Она **осторожный человек,** поэтому не открывает дверь незнакомым людям. — She is a cautious person; therefore, she does not open the door to unknown people.
_____

3. **Кто виноват,** что произошла авария? — Who is guilty that this accident occurred?
_____

4. **Было так больно,** что она заплакала. — It was so painful that she burst into tears.
_____

5. **Ему стало так стыдно**, что он покраснел. — He was so ashamed that he blushed.

_____

6. Я купил шампанское, **как ты просил**. — I bought champagne just as you requested.

_____

7. Она **была так рада**, что ей хотелось петь. — She was so glad that she felt like singing.

_____

8. Больной ходил с трудом, **потому что был слаб**. — The sick person walked with difficulty because he was weak.

_____

Задание 170. **Слова, данные в скобках, употребите в правильной грамматической форме с предлогами «без», «благодаря», «из-за», «к», «на», «при», «с», «у».**
Use the words given in parentheses into the correct grammatical form with the prepositions «без», «благодаря», «из-за», «к», «на», «при», «с», «у».

1. Он (большой интерес) _____ _____ отнёсся (наше предложение) _____.

   He reacted to our proposal with great interest.

2. Мы не очень хотели ехать за город, поэтому (энтузиазм) _____ согласились на приглашение друзей отдохнуть у них на даче.

   We didn't really want to go out of town. Therefore, we consent to the invitation of our friends to have a rest at their country house without any enthusiasm.

3. Я многому научился (коллега) _____.

   I learned a lot from my colleague.

4. Наша поездка за границу состоялась только (денежная помощь) _____ _____ родственников.

   Our trip abroad took place only thanks to the financial help of our relatives.

5. Друг взял билеты на балет (сегодняшний вечер) _____.

   My friend got tickets for this evening's ballet.

6. Сестра часто ссорится (брат) _____ (компьютер) _____.

   The sister often quarrels with her brother with for the computer.

7. Мы должны успеть закончить наш проект (четверг) _____.

   We must succeed in finishing our project by Thursday.

8. Коллеги много спорили (обсуждение) _____ плана.

   During the discussion of the plan, the colleagues quarreled a lot.

Задание 171. **Слова, данные в скобках, употребите в правильной грамматической форме с предлогами «от», «перед», «при», «по», «помимо», «на», «с», «за», «в».**
Use the words given in parentheses into the correct grammatical form with the prepositions «от», «перед», «при», «по», «помимо», «на», «с», «за», «в».

1. Я был так счастлив, что мне хотелось кричать (радость) _____.

   I was so happy I felt like shouting for joy.

2. Он виноват (родители) _____.

   He is guilty towards his parents.

3. Пейте это лекарство (высокая температура) _____!

   Drink this medicine if you have a high temperature!

4. Важно, чтобы ваш разговор был (свидетели) _____.

   It is important that your conversation took place in the presence of witnesses.

5. Сестра всегда одевается (мода) _____.

   My sister always dresses fashionably.

185

6. (другие птицы) _____ у них есть ещё говорящий попугай.

In addition to other birds, they have also a talking parrot.

7. (случай) _____ я познакомлю вас с ним.

When the time is right, I'll introduce you to him.

8. Кто дал тебе деньги (эта поездка) _____ _____?

Who gave you the money for this trip?

9. Брат большой специалист (такие вопросы) _____.

My brother is a big specialist in such questions.

10. Сосед обратился к нам (просьба) _____.

The neighbor consulted us with a favor. (The neighbor came to us with a favor.)

11. Не знаю, к кому обратиться (совет) _____.

I don't know whom to turn to for advice.

Задание 172. **Слова, данные в скобках, употребите в правильной грамматической форме с предлогами «для», «за», «на», «об / обо», «по», «при».**

Use the words given in parentheses into the correct grammatical form with the prepositions «для», «за», «на», «об / обо», «по», «при».

1. Извините за беспокойство: я звоню вам (просьба) _____ вашего друга.

Excuse me for bothering you; I am calling you at the request of your friend.

2. Шофёр допустил ошибку (невнимательность) _____.

Due to carelessness, the driver made a mistake.

3. Надеемся, что он станет чемпионом мира (плавание) _____.

We hope he will become the world champion in swimming.

4. Обливаться холодной водой очень полезно (здоровье) _____.

Douching oneself with cold water is very useful for good health.

5. Мы любим ужинать (свечи) _____.

We like to dine by candlelight.

6. Человек упал и ударился головой (асфальт) _____.

A person fell and hit his head against the asphalt.

7. Во время купания подруга порезала ногу (что-то острое) _____.

While swimming my friend cut her foot on something sharp.

8. Лучше учиться (чужие ошибки) _____ _____.

It's better to learn from somebody else's mistakes.

9. (какая команда) _____ _____ ты болеешь?

What team are you rooting for?

10. Друг взял билеты в кино (вечерний сеанс) _____.

My friend got movie tickets for the evening show.

Задание 173. **Слова, данные в скобках, употребите в правильной грамматической форме с предлогами «для», «за», «по», «через».**

Use the words given in parentheses into the correct grammatical form with the prepositions «для», «за», «по», «через».

1. (иностранец) _____ он слишком хорошо говорит по-русски.

For a foreigner, he speaks Russian too well.

2. Этот роман писатель написал уже (возвращение) _____ на родину.

The writer wrote this novel already upon return to his native country.

186

3. Разговор шёл (переводчик) _____.

The conversation was carried on through an interpreter.

4. Познакомьтесь, это мой друг (школа) _____, а это мой коллега (работа) _____.

Introduce yourselves! This is an old school friend of mind, and this is my work colleague.

5. Друг сильно изменился, но мы узнали его (голос и походка) _____ _____.

My friend has greatly changed, but we recognized him by his voice and the way he walks.

6. Пора браться (работа) _____!

It's time to get down to work!

7. После ремонта машины мои руки были грязными (локоть) _____.

After fixing the car, my hands were dirty up to the elbows.

8. Мы можем обсудить это (чай) _____.

We may discuss this over tea.

9. Я хочу выпить (ваше здоровье) _____ _____.

I want to drink to your health.

10. Я это делаю не (собственное желание) _____ _____, а (совет) _____ врача.

I am doing this not because of my volition but due to the advice of my doctor.

Задание 174. **Переведите слова в скобках на русский язык и употребите их в правильной грамматической форме.**

Translate the words in parentheses into Russian and use them into the correct grammatical form.

1. (upon completion of high school) _____ он решил поступить в университет.

2. Позвони мне (after your arrival) _____.

3. Они приехали сюда (a week before us) _____.

4. Мой брат (speaks three languages) _____.

5. Так странно, что он (made a mistake in the bill) _____.

6. Озеро находится (two miles from here) _____.

7. Родители уедут на дачу (for the whole summer) _____.

8. (in rainy weather) _____ лучше сидеть дома.

9. Чья машина стоит (in front of the house) _____ ?

10. (ahead of you) _____ большие возможности.

11. Кто живёт (above you) _____ ?

12. Где вы были (between two and three) _____ ?

13. Не надо читать (at dinner) _____ !

14. (through the fog) _____ ничего не было видно.

15. Он положил свой чемодан (under the bed) _____.

КЛЮЧИ
KEYS

1. СОЮЗЫ *А*, *И*, *НО*
THE CONJUNCTIONS *А*, *И*, *НО*

Задание 1.

1. но; 2. а; 3. но; 4. но; 5. и; 6. но; 7. и; 8. и; 9. но; 10. а; 11. и; 12. но; 13. а; 14. а

Задание 2.

1. и; 2. и; 3. а; 4. а; 5. но; 6. а; 7. а; 8. но; 9. а; 10. но; 11. а; 12. но; 13. но; 14. а; 15. но; 16. а; 17. но

Задание 3.

1. Любовь коротка и кончается браком. 2. Не ошибается только тот, кто ничего не делает, но вся его жизнь — одна большая ошибка. 3. Бюджет иногда показывает, сколько мы можем сэкономить, но чаще всего — сколько нам нужно занять. 4. Дружба часто заканчивается любовью, но любовь редко заканчивается дружбой. 5. Плохо быть второй женой вдовца, но всё же лучше, чем быть первой. 6. Мой врач советует мне играть в теннис, а мой тренер по теннису рекомендует бросить.

Задание 4.

1. а; 2. но; 3. а; 4. а; 5. а; 6. а; 7. но; 8. и; 9. а; 10. но; 11. а

Задание 5.

1. В конфликтах людей выигрывают не люди, а их адвокаты. 2. Все люди рождаются равными, но некоторые потом становятся дорожными полицейскими. 3. Он нашёл любовь и потерял себя. 4. Мужчина влюбляется в женщину, а женщина в — перспективу. 5. Она заплакала — и судья вытер её слёзы моей чековой книжкой. 6. Политики делают неплохой бизнес, а бизнесмены — политику.

Задание 6.

1. но; 2. но; 3. и; 4. но; 5. и; 6. а; 7. а; 8. но; 9. а; 10. а; 11. но

Задание 7.

1. а; 2. но; 3. но; 4. а; 5. но; 6. а; 7. и; 8. а; 9. а

Задание 8.

1. но; 2. но; 3. а; 4. а; 5. а; 6. но; 7. но; 8. и; 9. но; 10. а

Задание 9.

1. но; 2. но; 3. а; 4. а; 5. а; 6. а; 7. но; 8. а; 9. и; 10. но

Задание 10.

1. Компьютер выполняет команды, а не читает ваши мысли. 2. Знание можно передать, а мудрость — нельзя (= невозможно). 3. Мужчина кричит, чтобы его слышали, а женщина — чтобы её поняли. 4. Думать — это не развлечение, а обязанность. 5. ООН была создана для того, чтобы государства вели себя как друзья, а не как родственники. 6. Люди покупают не то, что им нужно, а то, что им хочется. 7. Антон, говори с покупательницей как с любимой девушкой, а не как с женой! 8. Страхование жизни позволяет вам жить в бедности и умереть богатым.

Задание 11.

1. но; 2. а; 3. но; 4. но; 5. а; 6. а / но; 7. а; 8. а; 9. а; 10. а; 11. а

Задание 12.

1. Влюбляешься не тогда, когда встречаешь идеального человека, а когда видишь идеал в неидеальном человеке. 2. Я люблю тебя не за то, какой ты, а за то, каким становлюсь я, когда я с тобой. 3. Статистика показывает, что в браке люди живут дольше и дольше жалуются на жизнь.4. Красота ослепляет, а слепого легко обокрасть. 5. Каждый хочет иметь друга, но никто не хочет быть другом.

Задание 13.

1. а, и; 2. и; 3. а, и, а, и, а; 4. но, но; 5. а

2. ГЛАГОЛЫ СТАТИКИ И ДИНАМИКИ
VERBS OF LOCATION AND MOTION

Задание 1.

1. земле, столе; 2. весами; 3. дискотеке, стороне; 4. сахарном троне, дождём

Задание 2.

1. лежит в синей сумке; 2. висит на входной двери; 3. лежат в красной папке; 4. стоит в микроволновке; 5. висит в большом шкафу; 6. лежат в стиральной машине; 7. лежат в нашем сейфе; 8. стоят в большой вазе; 9. стоял в углу; 10. под высоким деревом стояла

Задание 3.

1. смирного осла; 2. чужую жену; 3. стол; 4. них; 5. руль, ногах

Задание 4.

1. лежат в моём носке; положил; клал деньги туда; 2. положил в холодильник; 3. висит в шкафу; 4. сидят на диване, за столом; 5. лежит на моей кровати; 6. на этой стене висел; 7. стоит на моём стуле; 8. сели за стол; 9. ставлю, в гараж; стоит там; 10. клала, в еду; 11. поставил на стол; сел в старое кресло; 12. лежит; 13. стоит; 14. стоят в синей вазе; поставил, туда; 15. стоял на этом месте; 16. положила их в красивую шкатулку

Задание 5.

1. Зачем вы поставили кресло в угол? 2. Какой умник не положил мороженое в холодильник? 3. Не кладите все яйца в одну корзину. 4. Что вы обычно кладёте (ты кладёшь) в салат? 5. Куда я могу повесить мой мокрый плащ? 6. Не клади(те) документы и деньги сюда. Кто-нибудь может украсть их. 7. Скажи(те) правду. Где висит твоё (ваше) дорогое пальто? 8. Вынь(те) мою серебряную ложку из своего кармана и положи(те) её на стол. 9. Не стоит ставить вазу на пол. 10. Куда он ставит свою машину? 11. Отлично, наш фуникулёр сломался! Интересно знать, долго мы будем висеть здесь? 12. Этот болтун сядет рядом с вами (с тобой) или со мной? 13. Я всегда сажусь на этот автобус. 14. Он сел на диван и начал читать книгу. 15. Смотрите! Его подруга сидит в машине и курит.

3. ПРИЛАГАТЕЛЬНЫЕ И НАРЕЧИЯ
ADJECTIVES AND ADVERBS

Задание 1.

1. вкуснее; 2. быстрее; 3. важнее; 4. вежливее

Задание 2.

1. веселее меня; 2. аккуратнее брата; 3. быстрее лошади; 4. вежливее продавца; 5. вреднее конфет; 6. вкуснее котлет; 7. важнее денег.

Задание 3.

1. внимательнее; 2. вежливее; 3. веселее; 4. вкуснее; 5. вреднее; 6. активнее; 7. быстрее

Задание 4.

1. Если речь идёт о любви, женщина слышит быстрее, чем мужчина говорит. 2. Быть важным приятно, но быть приятным важнее. 3. Благороднее верить всем, а безопаснее не верить никому. 4. Пицца приезжает к вам быстрее, чем полиция. 5. Чем меньше человек вас знает, тем вежливее он с вами. 6. Муж всегда найдёт недостатки жены быстрее, чем свои носки. 7. Прежде чем занять деньги у друга, подумай, что для тебя важнее. 8. Любая очередь движется быстрее, если вы из неё вышли.

Задание 5.

1. вежливейшей; 2. внимательнейшему; 3. вкуснейший; 4. важнейшие; 5. вреднейшие; 6. в беднейшей

Задание 6.

1. аккуратнее всех; 2. вкуснее всех; 3. вежливее всех; 4. внимательнее всех; 5. быстрее всех; 6. беспокойнее всего

Задание 7.

1. глупее; 2. длиннее; 3. нужней/нужнее; 4. интереснее; 5. красивее; 6. мудрей/мудрее; 7. мрачней/мрачнее; 8. заразительнее; 9. медленнее, быстрее; 10. недогадливей, длиннее

Задание 8.

1. Есть собака злее, чем эта. 2. На дороге не было пробок, поэтому мы ехали быстрее, чем обычно. 3. Последняя часть рассказа веселее, чем первая.

Задание 9.

1. Он несчастнейший человек. 2. Потому что это была скучнейшая лекция. 3. Мать относится к новорождённому ребёнку нежнейшим образом (нежнее всех). 4. Бессовестный человек ведёт себя наглее всех. 5. Главную героиню в новом фильме будет играть красивейшая актриса. 6. Потому что это злейшая собака. 7. Потому что он добрейший человек. 8. Потому что мы не хотим ехать туда по длиннейшей дороге. 9. Сегодня нужно вымыть грязнейшее окно. 10. Потому что младшая дочь делает всё медленнее всех. 11. Ленивейший человек.

Задание 10.

1. Чем глупее человек, тем труднее его понять. 2. Ненужное всегда нужнее. 3. Грамотно молчать не менее важно, чем грамотно говорить. 4. Что может быть глупее глупого смеха? 5. В спорах побеждает нуднейший.

Задание 11.

1. достойнее, полезнее; 2. опытнее, медленнее; 3. опаснее; 4. неприятнее, приятнее; 5. осторожнее; 6. приятнее

Задание 12.

1. полезнее; 2. опытнее; 3. острее; 4. приятнее

Задание 13.

1. Потому что в саду читать приятнее, чем в комнате. 2. До диеты подруга была значительно полнее. 3. Потому что плавать в бассейне полезнее, чем сидеть с друзьями в баре. 4. Осторожнее, она может укусить! 5. Потому что врач опытнее практиканта. 6. Потому что мне нужны (я хочу купить) ножницы острее.

Задание 14.

1. приятнее всего; 2. полезнейшие; 3. отвратительнее всего; 4. опаснейший; 5. печальнее всего; 6. полнее всех

Задание 15.

1. труднее; 2. свободнее; 3. ужаснее; 4. умнее; 5. теплее; 6. сильнее; 7. смелее; 8. удивительнее; 9. слабее

Задание 16.

1. трусливее; 2. темнее; 3. умнее; 4. холоднее; 5. счастливее; 6. слабее; 7. тупее

Задание 17.

1. труднее / сложнее; 2. холоднее; 3. удобнее; 4. счастливее /удачливее; 5. теплее

Задание 18.

1. Нет глупее желания, чем желание быть умнее всех. 2. Тот, кто умнее тебя, всегда кажется чересчур умным. 3. Свои рога увидеть труднее, чем чужие. 4. Не будь умнее, чем позволено! 5. Выбрать подарок ко дню рождения жены обычно труднее, чем было выбрать жену.

Задание 19.

1. холоднейшем; 2. трусливейшее; 3. ужаснейшей; 4. умнейший; 5. труднейшую; 6. счастливейших

Задание 20.

1. труднее всего / ужаснее всего; 2. холоднее всего; 3. счастливее всех; 4. трусливее всех

Задание 21.

1. шире; 2. дешевле

Задание 22.

1. дешевле; 2. шире

Задание 23.

1. Кругозор станет шире. 2. Потому что через Интернет многое можно купить дешевле.

Задание 24.

1. у́же проспекта; 2. дороже пива; 3. глубже блюдца; 4. строже нашего; 5. реже сестры; 6. твёрже кресла; 7. ниже деревьев

Задание 25.

1. ближе; 2. хуже; 3. дороже; 4. реже; 5. моложе

Задание 26.

1. реже; 2. хуже; 3. ниже; 4. моложе; 5. строже

Задание 27.

1. Хуже богатства может быть только бедность. 2. Этот профессор строже. 3. Хуже, чем жить в одиночестве, может быть только желание жить в одиночестве. 4. Чем реже вещи, тем они дороже. 5. Мать и дочь становятся ближе, когда дочь становится матерью. 6. Ближе всего к истине — жена философа. 7. Хуже диеты только разговоры о ней. 8. Ближе всего к королю бывают пешки. 9. С тех пор как я перестал быть директором фирмы, я стал реже выигрывать в теннис.

Задание 28.

1. самые дорогие; 2. реже всех; 3. ниже всех; 4. глубже всего; 5. хуже всех; 6.ближайшая; 7. самая узкая

Задание 29.

1. ярче; 2. громче; 3. богаче; 4. короче; 5. легче; 6. богаче

Задание 30.

1. легче чемодана; 2. короче платья; 3. ярче луны; 4. богаче соседей; 5. мягче кровати

Задание 31.

1. ярче; 2. легче; 3. богаче; 4. короче; 5. громче

Задание 32.

1. Чем тяжелее работа, тем легче на неё устроиться / найти её. 2. Дела говорят громче слов. 3. Наша дружба стала крепче. 4. Напугать легче, чем рассмешить. 5. Я молюсь не о том, чтобы ноша была полегче, а чтобы плечи были покрепче. 6. Легче сказать, чем сделать. 7. Если у вас есть вопросы, спросите что-нибудь полегче. 8. учший способ познакомиться с новыми соседями — это включить как можно позднее и громче телевизор. 9. В старости память становится всё короче, а воспоминания — всё длиннее. 10. Мужчине легче понять женщину, если он на ней не женат.

11. В детском саду воспитательница спрашивает детей:

— Кто умнее: люди или животные?

— Животные! — крикнул громче всех Денис.

— Почему ты так думаешь? — удивилась воспитательница.

— Когда я говорю своей собаке сделать что-нибудь, она меня понимает. А когда она что-нибудь говорит мне, я совсем ничего не понимаю.

Задание 33.

1. крепчайший; 2. кратчайшую; 3. ярчайшими; 4. легче всего; 5. богаче всех; 6. громче всех

Задание 34.

1. больше, меньше; 2. дольше, быстрее; 3. лучше; 4. старше, дороже; 5. раньше; 6. дальше, дороже; 7. больше, меньше; 8. больше, легче; 9. меньше; 10. лучше; 11. дальше, сильнее; 12. выше

Задание 35.

1. выше отца; 2. меньше твоей; 3. больше этой сумки; 4. тоньше моих

Задание 36.

1. Мне так много надо сегодня ещё сделать, что лучше я пойду спать. 2. Капитан знает всё, но крысы знают больше. 3. Чем хуже зрение, тем меньше иллюзий. 4. Нет лучшего дезодоранта, чем успех. 5. Больше всего миражей в пустыне ума. 6. Многие писатели лучше своих книг. 7. Проси больше, чем дадут. 8. Я был молодым и глупым, теперь я старше и глупее. 9. Лучше медового месяца может быть только первый месяц после развода. 10. Лучшее в мужской одежде — это женщины. 11. Чем больше правительства в экономике, тем меньше экономии в правительстве.

12. Разговаривают двое малышей:

— Сколько лет твоему маленькому брату?

— Ему год.

— Как странно! Моему щенку тоже год, но он ходит гораздо лучше твоего брата.

— Ничего странного! У твоего щенка на две ноги больше!

13. Две головы лучше одной в том случае, если в обеих что-нибудь есть.

Задание 37.

1. дольше; 2. раньше; 3. больше; 4. старше, труднее; 5. дольше; 6. меньше; 7. больше, дольше; 8. лучше; 9. меньше; 10. дольше, быстрее

Задание 38.

1. Пальцы появились раньше вилки. 2. Пиво из бочки вкуснее, чем из банки, но его дольше пить. 3. Чем длиннее руки у рыболова, тем меньше можно верить его рассказам. 4. Бармен понимает меня лучше, чем моя жена. 5. Способов и шансов проиграть деньги намного больше, чем выиграть их. 6. Чем больше свободы слова, тем меньше свободы действия. 7. Не скрывай свой возраст, а то люди подумают, что вы старше, чем это есть на самом деле. 8. Чем больше на мне одежды, тем лучше я выгляжу. 9. Эгоист — это человек, который любит себя больше других эгоистов. 10. Секретарь отличается от личного секретаря тем, что второй знает больше, а говорит меньше. 11. Лучше быть осторожным, чем потом сожалеть о случившемся. 12. Давай своему языку больше выходных (отдыха), чем рукам и глазам.

Задание 39.

1. раньше; 2. тише; 3. больше; 4. меньше; 5. лучше; 6. дольше; 7. старше; 8. лучше

Задание 40.

1. Лучше яйцо сегодня, чем курица завтра. 2. Лучше поздно, чем никогда. 3. Вершина всегда дальше, чем кажется. 4. Чем больше вы скажете, тем меньше люди запомнят. 5. Разговорчивых людей больше, чем умных. 6. Чем нужнее человек, тем он лучше и лучше. 7. Норковая шубка больше всего нужна норке. 8. Чем больше любишь всех людей, тем меньше достаётся каждому. 9. Если бы после свадьбы мужчины вели себя так же, как до неё, было бы меньше разводов, но больше банкротств.

Задание 41.

1. старейшую; 2. больше всего; 3. раньше всех; 4. тончайшие; 5. лучше всех; 6. дольше всех; 7. дальше всех; 8. высочайшую

Задание 42.

1. Самый короткий ответ — дело. 2. Работа — это лучшее лекарство от переживаний (волнений, беспокойства). 3. Взаимопонимание — это кратчайшее расстояние между двумя точками зрения. 4. Хорошая жена и здоровье — лучшее богатство мужчины. 5. Лучший путь не потерпеть (избежать) поражения — это решимость победить.

Задание 43.

1. слаще; 2. чаще; 3. чище; 4. проще

Задание 44.

1. чаще трамвая; 2. толще других книг; 3. проще задания; 4. чище носков; 5. слаще яблок

Задание 45.

1. чаще всего; 2. сладчайший; 3. проще всего; 4. чистейшим; 5. толстейший

Задание 46.

1. сильнее; 2. серьёзнее, прекраснее; 3. легче; 4. дольше; 5. дальше; 6. лучше; 7. ближе; 8. позже; 9. проще

Задание 47.

1. Человек в гневе опаснее самого гнева. 2. Косметика помогает выглядеть моложе в старости и старше в молодости. 3. Легче всего простить свою собственную измену. 4. Замолчи! Я старше и умнее тебя. 5. Попугаи и черепахи живут дольше людей, люди живут дольше собак, а собаки живут дольше, чем любовь. 6. Хороших людей больше, чем их дел. 7. Гнев приходит к нам часто, но чаще мы приходим к нему. 8. Худший (злейший) враг человека — он сам. 9. Если звонит будильник, значит, лучшая часть суток уже позади. 10. Философ решил жениться. Из двух дам он выбрал женщину очень низкого роста. Друзьям он сказал: «Не удивляйтесь — из двух зол я выбрал меньшее». 11. Предстоящий день длиннее (дольше) прошедшего года. 12. Волки и наш босс опаснее всего, когда голодны.

13. Две собаки:

— Мои блохи прыгают быстрее и выше всех.

— Ты счастливейшая собака в мире.

— Среди моих друзей я самая умная!

— О! Это такая неожиданная новость, что не знаю, что и сказать.

14. Всегда, когда можете, улыбайтесь — это самое дешёвое лекарство.

Задание 48.

1. Чем раньше я встаю, тем больше мне удаётся сделать. 2. Ты тратишь больше, чем зарабатываешь. 3. Он выше отца. 4. Я работаю в десять раз больше тебя! 5. Этот путь (дорога) вдвое длиннее того (той).

Задание 49.

1. моложе; меньше; 2. быстрее; дешевле; 3. слаще

Задание 50.

1. Брюки мне длинны. 2. Пиджак мужу узок. 3. Эта рубашка тебе мала. 4. Платье дочери широко. 5. Туфли матери велики. 6. Футболки детям коротки.

Задание 51.

1. Эти чёрные туфли мне немного велики. 2. Это платье совсем мало моей дочери. 3. Эта шляпа будет велика нашему боссу.

Задание 53.

1. доволен; 2. готов / готова; 3. сердит; 4. благодарен / благодарна; 5. известен; 6. уверена; 7. знакомы; 8. богата; 9. полна

Задание 54.

1. Я благодарен / благодарна вам за всё. 2. Он уверен, что всё сделал правильно. 3. Отец доволен новой работой. 4. Всем известно это место. 5. Бумажник был полон денег. 6. Ты всё ещё сердит / сердита на меня?

Задание 55.

1. Моя совесть чиста. 2. Вы готовы к экзаменам? 3. Говорят, что душа бессмертна. 4. Вы свободны.

Задание 56.

1. голоден; 2. счастлива; 3. болен; 4. весел; 5. спокойна; 6. счастливы

Задание 57.

1. горд; 2. вкусное; 3. талантлива; 4. красив; 5. горячий; 6. смешон; 7. скучный; 8. груба; 9. трудное; 10. счастливы

4. ВЫРАЖЕНИЕ ВРЕМЕНИ
TIME EXPRESSIONS

Задание 3.

1. первого сентября; 2. двадцать пятого декабря, седьмого января; 3. тридцать первого ноября двухтысячного года; 4. двенадцатого апреля тысяча девятьсот шестьдесят первого года

Задание 5.

1. завтрашнего дня; 2. детства; 3. понедельника

Задание 7.

1. Я влюбился (влюбилась) в тебя с первого взгляда. 2. С какого времени вы изучаете русский язык? 3. С тех пор как он потерял все деньги, половина его друзей больше не знакома с ним. Остальные не знают, что он потерял деньги. 4. Вы давно знаете эту пожилую (старую) женщину? — Да, с тех пор, как мы были ровесниками. 5. У нашего гостя такой аппетит, как будто он не ел с прошлого года.

Задание 9.

1. полуночи; 2. восьми часов, шести часов; 3. полудня

Задание 10.

1. утра; 2. поздней осени; 3. старости

Задание 12.

1. после пяти лет проживания в Британии; 2. после года обучения (учёбы); 3. после двух дней соревнований; 4. после трёхмесячного перерыва

Задание 15.

1. Мы должны перевести документ к четырём часам. 2. К какому дню я должен / должна закончить всё это? 3. Он, как всегда проспал, поэтому пришёл в университет только ко второй лекции.

Задание 16.

1. утрам, вечерам; 2. ночам; 3. вечерам; 4. воскресеньям; 5. четвергам, пятницам

Задание 18.

1. всю жизнь; 2. неделю; 3. всю ночь

Задание 20.

1. Весь август мы провели на море. 2. Я работал весь год без отпуска. 3. Наш сосед будет целый час говорить у наших дверей, потому что ему некогда зайти к нам. 4. Человеку нужно 2 года, чтобы научиться говорить, и намного больше времени, чтобы научиться молчать.

Задание 23.

1. Что вы будете делать в следующую пятницу? 2. Где вы были в прошлое воскресенье? 3. Если вы проснулись в понедельник и у вас не болит голова, это значит, что уже вторник. 4. — Официант, в прошлое воскресенье у вас была более свежая рыба. — Уверяю вас, сэр, эта та же самая рыба.

Задание 25.

1. В Рождество и Новый год я был у родителей. 2. Мы вышли из дома в полдень. 3. Наш город особенно красив в это время года. 4. В нужное время в нужном месте всегда оказываются ненужные люди. 5. Летний роман начался в последний день лета. 6. Мысли господствующего класса являются в каждую эпоху господствующими мыслями. 7. Чтобы узнать имя будущего жениха, девушка должна проснуться в полночь, вынуть из пиджака, который висит на стуле, паспорт и быстро прочитать первую страницу.

Задание 26.

следующий день

Задание 27.

1. Вы хотите купить бриллианты в другой день? Но только сегодня мы делаем скидку для наших постоянных покупателей. 2. Эта церковь была построена в Средние века. / Этот храм был построен в Средние века. 3. Сегодня я очень занят(а). Давай(те) встретимся в какой-нибудь другой день.

4. Молодой специалист устраивается на работу.

Работник фирмы:

— В этом году ваша зарплата будет маленькая, но в следующием году вы будете получать в два раза больше.

Молодой специалист:

— Очень хорошо, я приду в следующем году.

Задание 29.

1. Я ложусь спать рано, потому что мой любимый сон начинается в 9 часов.

2. В баре разговаривают два друга:

— Было приятно побеседовать (поговорить) с тобой, но сейчас уже поздно, и я должен идти на лекцию.

— На какую лекцию? Какая лекция может быть в час ночи?

— Всегда, когда я возвращаюсь домой ночью, жена читает мне лекцию. Если хочешь, мы можем вместе её послушать.

3. Учительница:

— Дети, сегодня вечером будет затмение луны, которое начнётся в двадцать часов. Обязательно посмотрите! Это интересно!

— А по какой программе?

Задание 30.

всю жизнь

Задание 31.

1. Мы крутые, потому что мы сделали все 9 упражнений за час! 2. Нам надо было так много сделать, что мы не отдыхали все выходные.

3. Богатый мужчина попросил известного художника написать что-нибудь для него. Художник сделал свою работу и запросил за неё высокую цену.

— За что? — сказал мужчина. — Ведь это заняло всего десять минут.

— Да, — сказал художник. — Но у меня ушло десять лет, чтобы научиться тому, как сделать это за десять минут.

Задание 32.

1. Они пришли в магазин за двадцать минут до закрытия магазина. 2. Я закончил делать домашнюю работу за десять минут до начала телевизионного фильма. 3.Футболист нашей команды забил гол за две минуты до окончания матча. 4. Мы приехали на вокзал за двадцать минут до отправления поезда. 5. Дети приготовили матери подарок за два дня до её дня рождения. 6. Студентка почувствовала себя плохо и ушла с урока за полчаса до его конца.

Задание 34.

1. Он позвонил за несколько минут до своего приезда. 2. Я узнал об этом за день до экзамена. 3. Свидетельница сказала, что видела этих парней за несколько часов до ограбления магазина.

Задание 36.

1. В полиции.

Пострадавшая:

— Утром я пошла на рынок. Через полчаса я вернулась домой и увидела, что дверь открыта, а в квартире большой беспорядок.

Полицейский:

— Почему же вы не сразу позвонили в милицию, а только через 6 часов?

Пострадавшая:

— Потому что я думала, что это муж искал свои носки.

2. Директор известной фирмы говорит своему заместителю:

— Мой сын через несколько дней окончит колледж и будет искать работу. Думаю взять его в нашу фирму вашим помощником. Он должен работать без всяких привилегий. Относитесь к нему так же, как к любому другому моему сыну.

Задание 38.

1. — Вы гарантируете, что эта картина — подлинник?

— Конечно! Мы даём гарантию на три года!

Задание 39.

две недели; всю жизнь

Задание 40.

1. Слава богу, наши родственники приехали только на два дня. 2. Я зашёл / зашла к вам на минутку. Я только хотел / хотела немного посплетничать. 3. Я остановлюсь в Лондоне на день. Не спрашивай(те) меня почему! 4. Извини(те), я прослушал(а), что вы сказали. Кто уехал за границу на год? 5. На сколько минут вы опоздали туда? 6. На Рождество (на Новый год) я поеду к родителям. 7. Моего друга отправили в командировку в Лас-Вегас на месяц, но он остался на два месяца.

Задание 41.

1. один день; на один день; за один день; 2. целую неделю; за целую неделю; на целую неделю; 3. всю жизнь; за всю жизнь; на всю жизнь; 4. на минуту; за минуту; минуту; 5. на полгода; полгода; за полгода

Задание 42.

1. через час; 2. за четверть часа; 3. на сегодняшний вечер; 4. через полчаса; 5. сорок минут

Задание 43.

1. на пару дней; за пару дней; пару дней; 2. неделю; за неделю; на неделю; 3. на ночь; ночь; за ночь

Задание 44.

1. за всё это время; 2. на ночь; 3. через два дня; 4. полгода; 5. весь отпуск; 6. двадцать минут

Задание 45.

1. через год; 2. 6 часов; 3. через месяц; 4. всю ночь; 5. за весь вечер; 6. всю неделю

Задание 46.

1. Под утро пошёл сильный дождь. 2. Друг освободился от дел только под вечер. 3. Эта счастливая встреча произошла под Новый год.

Задание 47.

1. днём, ночью; 2. утром; 3. утром, вечером

Задание 48.

1. Диалог по телефону

— Привет, Саша! Это говорит Олег. Ты сегодня свободен?

— Да, свободен.

— А завтра вечером?

— Завтра тоже свободен.

— А послезавтра?

— А вот послезавтра я весь день буду занят. А почему ты спрашиваешь?

— Очень жаль, что ты будешь занят. Я хотел пригласить тебя на ужин послезавтра.

2. — Как вы сделали, чтобы ваш сосед держал своих кур у себя на дворе?

— Однажды ночью я спрятал дюжину яиц под кустами в моём саду. А на следующий день он смог увидеть, как я собираю их. После этого его куры меня не беспокоили.

Задание 49.

1. летом; 2. весной; 3. зимой; 4. осенью

Задание 50.

вечерами

Задание 51.

белым вином, красным, шампанским

Задание 52.

1. за пивом; 2. за обедом; 3. за рюмкой коньяка директор становится ...; 4. за кофе; 5. за ужином

Задание 53.

1. За чашкой кофе он рассказал смешной анекдот. 2. За чаем дамы обсуждали свои покупки. 3. Я часто читаю газету за завтраком. 4. За обедом они говорили о литературе.

Задание 54.

1. между шестью и шестью тридцатью / между шестью и половиной седьмого; 2. между двенадцатью и часом; 3. между четырьмя и пятью

Задание 55.

браком, брака

Задание 56.

1. перед продажей картины; 2. перед поездкой; 3. перед приездом; 4. перед уходом 5. перед показом его нового фильма; 6. перед выступлением; 7. перед завтраком; 8. перед встречей; 9. перед покупкой машины; 10. перед едой; 11. перед его отъездом.

Задание 58.

1. в этом месяце; 2. в мае; 3. в половине восьмого; 4. в прошлом году; 5. в юности, в зрелом возрасте, в старости

Задание 60.

на прошлой неделе

Задание 62.

1. На этой неделе я действительно очень занят. Мы можем поговорить о вашем гениальном произведении на следующей неделе. 2. Отец обещал купить ей эту машину в конце мая. Она счастлива! 3. В чём разница между дипломатом и военным? Оба ничего не делают, но военный встаёт на заре и занимается этим дисциплинированно, а дипломат занимается этим после обеда и без всякой дисциплины.

Задание 64.

1. этим летом; 2. утром, в половине седьмого; 3. этой осенью; 4. первого января; 5. в пятницу вечером; 6. третьего апреля; 7. прошлой зимой; 8. этой ночью; 9. полтора года

Задание 65.

1. во вторник, днём; 2. В каком году; 3. в среду; 4. на минуту; 5. через неделю; 6. на другой день; 7. на всю жизнь; 8. через пару минут

Задание 67.

1. за тринадцать дней; 2. за 10 лет; 3. днём; 4. за четверть часа; 5. всю ночь; 6. В этот момент; 7. в девятнадцатом веке; 8. В девяностые годы; 9. В тысяча восемьсот восемьдесят втором году

Задание 68.

1. в этом месяце; 2. в прошлом году; 3. в юности 4. на следующей неделе 5. в следующую субботу; 6. в послевоенное время; 7. в самый последний момент

Задание 69.

1. Они вынуждены работать с утра до вечера. 2. Отдел реорганизуется с апреля. 3. Я отпросился (отпросилась) выйти на несколько минут. 4. Электричество было отключено на ночь. 5. Оставайтесь с нами на выходные! 6. Извини(те) за шум прошлой ночью. 7. Сейчас около шести.

5. ПРЕДЛОГИ
PREPOSITIONS

Задание 2.

1. календаря; 2. шипов; 3. ритма, рифмы, смысла; 4. сорняков; 5. адвоката; 6. противника; 7. права

Задание 3.

1. каких лишних вещей; 2. денежной компенсации; 3. свидетелей; 4. отца; 5. взаимности; 6. денег; 7. приглашения, угощения; 8. работы

Задание 4.

1. Клянусь! Он сделал эту глупость без моей помощи. 2. Нет дыма без огня. 3. Без тебя мне почти так же плохо, как с тобой. 4. Как это возможно? Он написал упражнение без единой ошибки! Нет правила без исключения! 5. Хочу выпить пива, но у меня нет денег. Трудно жить без друзей!

6. Молодой человек говорит девушке:

— Нина, пойдём в ресторан!

— Ты обидел меня. Я не пойду. Иди без меня!

— Я не могу идти без тебя.

— Почему не можешь, Игорь?

— У меня нет денег!

Задание 5.

1. без затруднений; 2. без задержки; 3. без работы; 4. без всякого намерения / без цели; 5. без уважительной причины; 6. без четверти; 7. без малейшего сожаления; 8. без сомнения; 9. без предупреждения; 10. без исключения; 11. без колебаний; 12. без объяснения; 13. без перерыва / без отдыха

Задание 7.

1. звонка; 3. слова

Задание 8.

1. — Он пил яблочный сок вместо вина.

— Правда? Что с ним случилось?

2. Всю нашу жизнь мы ждём человека, который пришёл бы понять нас вместо себя самого.

Задание 10.

1. вне себя от радости; 2. вне игры; 3. вне опасности; 4. вне подозрения; 5. вне себя от гнева (злости)

Задание 11.

1. Время от времени надо жить вне времени. 2. Его талант лениться — вне обсуждения.

Задание 12.

1. во время перерыва; 2. во время распродажи; 3. во время тренировки; / во время соревнований; 4. во время игры

Задание 14.

1. Что ты будешь делать во время перерыва? Опять курить? 2. Хорошо, что во время пожара никто не пострадал. 3. Эта линия на стене показывает уровень воды во время наводнения. 4. Вы уже слышали, что произошло во время футбольного матча? 5. Джулия Робертс играла в этом фильме невесту, которая убегала во время свадебной церемонии.

Задание 16.

1. неё; 2. пикника; 3. парковки; 4. красивой девушки; 5. вас

Задание 17.

1. мужчины; 2. добрых дел; 3. переживаний; 4. азартных игр, немедленного венчания; 5. тех людей

Задание 18.

1. Для всего мира вы, возможно, всего лишь один человек, но для одного человека вы, возможно, весь мир. 2. Для каждой лошади её поклажа самая тяжёлая. 3. Вы слишком умны для своего возраста! 4. Для мужчины дороже жены бывают только её платья и украшения. 5. Будущее всегда лучше, но не всегда для нас.

Задание 19.

1. для неё характерно; 2. это для него ничто; 3. полезно для; 4. много значит для; 5. вредно для; 6. типично для них

Задание 21.

1. вашего дома; 2. изобретения

Задание 22.

1. до конца; 2. до войны; 3. до обеда; 4. до города; 5. до неузнаваемости; 6. до темноты

Задание 23.

1. до ухода в армию; 2. до неузнаваемости. 3. до приезда родителей. 4. до темноты. 5. до начала второй лекции; 6. до отправления поезда; 7. до принятия решения; 8. до пропажи видеокассеты; 9. до прихода в нашу фирму; 10. до продажи дома

Задание 24.

1. Я должен (должна) работать до конца июля. 2. Это короткий путь в город? 3. Он работал до семи часов вечера. 4. Это было до революции. 5. Я буду занят(а) до обеда. 6. Осталось две минуты до отправления поезда. 7. Дочь остаётся дочерью до конца своих дней, а сын будет сыном только до женитьбы.

Задание 26.

1. которого; 2. всех моих родственников; 3. неё; 4. бочки; 5. всех участников; 6. своей шляпы, своей сумочки; 7. всех автомобильных аксессуаров; 8. двух зол; 9. десяти

Задание 27.

1. Случай — это то, что выпало из рук судьбы. 2. Из двух неправых не сделать одного правого. 3. Автор берёт сюжеты из жизни. 4. Из камня крови не выжмешь.

Задание 28.

1. боязни; 2. зависти

Задание 29.

1. из благодарности; 2. из гордости; 3. из зависти; 4. из осторожности / из боязни; 5. из интереса; 6. из вежливости; 7. из любопытства; 8. из деликатности; 9. из жалости

Задание 30.

1. из вежливости; 2. из зависти; 3. из боязни; 4. из любопытства; 5. из жалости / из сочувствия; 6. из деликатности; 7. из гордости

Задание 31.

1. из скромности; 2. из уважения; 3. из ревности; 4. из принципа; 5. из самолюбия; 6. из упрямства

Задание 32.

1. из упрямства; 2. из самолюбия; 3. из скромности; 4. из ревности; 5. из принципа

Задание 33.

1. зеркала; 2. отсутствия; 3. инфляции; 4. роли; 5. них; 6. другой женщины, него самого

Задание 35.

1. Закончив играть, ребёнок встал из-за рояля и, хихикнув, поклонился. 2. Из-за туч показалось солнце. 3. Из-за чего она развелась с мужем? 4. Вылет самолёта задерживался из-за непогоды. 5. Студент ушёл с занятия из-за головной боли.

Задание 36.

1. контроля; 2. печенья; 3. куста; 4. варенья; 5. снега; 6. пива; 7. одеяла

Задание 37.

1. бульдога; 2. одного; 3. тех; 4. жены; 5. визита; 6. некоторых

Задание 38.

1. отправителя и адресата; 2. превосходства; 3. скучного; 4. вашего врача

Задание 40.

1. В замочную скважину вы можете увидеть всё, кроме себя самого. 2. Героини кино никогда не принимает ванну, кроме тех случаев, когда они ожидают любовника или маньяка. 3. Я ничего не хотел бы менять в этом городе, кроме погоды.

Задание 41.

1. театральной кассы; 2. красивых зданий, известного музея, церкви

Задание 43.

1. Мальчишки пробежали мимо контролёра. 2. Птица пролетела мимо нашего кота. 3. Почтальон прошёл мимо моего дома. 4. Когда я еду на работу, я всегда проезжаю мимо новой оранжереи. 5. Мы прошли мимо зоопарка.

Задание 44.

1. премьеры; 2. чемпионата; 3. свадьбы; 4. своего дня рождения; 5. Рождества

Задание 45.

1. накануне поездки (отъезда); 2. накануне охоты; 3. накануне Рождества (Нового года)

Задание 46.

1. Наша бабушка приезжала накануне Пасхи. 2. Накануне экзамена мы много занимались. 3. Накануне праздника она убрала квартиру.

Задание 47.

1. трёх часов; 2. фонтана; 3. дворца; 4. четырёх килограммов; 5. филармонии; 6. сорока

Задание 49.

1. Она переводила роман около двух месяцев. 2. Наш профессор живёт около университета. 3. У него было около двух тысяч долларов. 4. Она пришла сюда около часа назад. 5. Я буду дома около восьми часов.

Задание 50.

1. бессонницы; 2. иллюзии; 3. всех мужчин; 4. родных, знакомых, друзей и чужих; 5. счастья; 6. скуки, любопытства; 7. своего сердца; 8. любовного огня; 9. облысения; 10. безделья

Задание 52.

1. Легче отказаться от великих идей, чем от мелких привычек. 2. Это письмо от нашего босса. 3. У вас есть что-нибудь от кашля? 4. Я потерял пуговицу от пальто.5. Он пришёл от друга. 6. Сколько километров от этой деревни до моря? 7. Дочь потеряла ключ от своей квартиры. 8. Она побледнела от этих слов. 9. Дорога была мокрой от дождя. 10. У него что-то с желудком от грязной воды. 11. Мы устали от работы.

Задание 53.

1. судьбы; 2. адвоката; 3. дождя; 4. третьего; 5. жены

Задание 54.

1. самого лучшего друга, родственника; 2. другого родителя; 3. горячих просьб; 4. тебя; 5. любви; 6. действительности; 7. простуды; 8. всякой боли

Задание 55.

1. от голода; 2. от восторга; 3. от мороза; 4. от боли; 5. от злости

Задание 57.

1. От злости он совсем теряет контроль над собой. 2. От волнения мой друг иногда заикается. 3. Пострадавший стонал от боли.4. Я умираю от голода! 5. От горя Михаил потерял интерес к жизни. 6. Капитан закурил, и я увидел, как у него от волнения тряслись руки.

Задание 58.

1. Петра, радости; 2. горя, радости, скуки

Задание 59.

1. слабости; 2. неожиданности; 3. смеха; 4. скуки; 5. смущения; 6. обиды

Задание 60.

1. от огорчения /от обиды; 2. от смущения; 3. от смеха; 4. от скуки; 5. от слабости; 6. от радости; 7. от неожиданности

Задание 61.

1. от радости; 2. от смущения; 3. от смеха

Задание 62.

1. от удара; 2. от шума; 3. от холода; 4. от усталости

Задание 63.

1. Её маленький ребёнок дрожал от страха во время грозы.

2. Полицейский спрашивает водителя-иностранца:

— Вы наехали на пешехода?

— Нет, что вы! Я остановился, чтобы пропустить его, а этот русский потерял сознание от удивления.

Задание 64.

1. выборов, свадьбы; 2. шестого стакана; 3. ухода; 4. выигрыша; проигрыша; 5. вашего анекдота

Задание 66.

1. Я приму душ после тренировки. 2. Что ты будешь делать после занятий (уроков)? 3. Давай после выставки сходим (пойдём) в кафе! 4. Есть жизнь после свадьбы!

Задание 67.

1. любви; 2. хитрого, удачливого; 3. миллионеров; 4. повара

Задание 68.

1. Я не против религии, но я против фанатизма. 2. Я не против Интернета, но я против некоторых сайтов. 3. Я не против комнатных цветов, но я против сильно пахнущих растений. 4. Я не против вкусной еды, но я против обжорства.

Задание 69.

1. Глупо плевать против ветра. 2. Мы ничего не имеем против вашего (твоего) решения. 3. Она сделала это против моего желания. 4. Мы против террора. 5. Вы за или против (этого) предложения?

Задание 70.

1. карьеры; 2. семьи и детей; 3. чего

Задание 71.

1. Он ради вас рисковал своей жизнью. 2. Сделай это ради меня! 3. Этот негодяй способен на всё ради денег. 4. Они делали всё ради победы. 5. Мы должны это сделать / делать ради мира на Земле.

Задание 72.

1. других вещей; 2. площади; 3. молодёжи; 4. парней; 5. людей, 6. них; 7. кошельков; 8. гнилых яблок

Задание 74.

1. Среди сухих листьев мы нашли грибы. 2. Среди делегатов конференции много женщин. 3. Ребёнок проснулся среди ночи и заплакал. 4. Каждый хочет жить среди людей, но без соседей.

Задание 75.

1. всех, кого; 2. мышей и котов; 3. него; 4. собак, кошек; 5. кого-нибудь; 6. гостя, хозяина; 7. человека, него; 8. успеха

Задание 77.

1. У неё трое детей и, к счастью, только один муж. 2. Если у вас есть дети, больше у вас уже ничего нет. 3. Он взял у меня в долг 90 долларов и с этого момента избегает меня. 4. Спроси(те) дорогу у полицейского! 5. У меня украли часы. 6. Она отдыхает у сестры в деревне. 7. У моего дантиста болит зуб. 8. Мы купили дом у нашего жадного дяди. 9. Его друг сидел у камина и пил красное вино.

Задание 78.

1. замечательной погоде, хорошему сервису, интересным экскурсиям; 2. фантастическому везению; 3. интуиции; 4. вашей помощи; 5. своей высокой квалификации; 6. автострадам; 7. другу

Задание 80.

1. советам; 2. прогнозу; 3. плохому самочувствию; 4. просьбам; 5. желанию

Задание 81.

1. официанту; 2. тёмному прошлому; 3. будущему; 4. зубному врачу; 5. чтению; 6. Магомету

Задание 82.

1. Недовольство — первый шаг к прогрессу. 2. Они готовятся к экзамену. 3. Я побежал к выходу. 4. Это был первый шаг к примирению. 5. Дождь прекратился к утру. 6. Мы получим наши деньги к концу мая. 7. Машина подъехала к цирку. 8. Она идёт к доктору. 9. В конце книги есть ключи к упражнениям. 10. Я изменил своё отношение к нему.

Задание 83.

1. возвращаться к; 2. дорогу к; 3. к завтрашнему дню; 4. к лучшему; 5. к двери; 6. доступа к; 7. к своему изумлению; 8. к концу; 9. интерес к

Задание 84.

1. любовь к; 2. сострадания к; 3. нежностью к; 4. несправедливы к

Задание 85.

1. к утру; 2. способность к; 3. К счастью; 4. слабость к; 5. к началу; 6. К моему удивлению; 7. к сентябрю; 8. к полудню

Задание 86.

1. обратился (обратилась) к; 2. опаздывать к обеду; 3. плохо относился к; 4. переходить к; 5. привыкла к; 6. относится доброжелательно ко;

Задание 87.

1. Нет более искренней любви, чем любовь к еде. 2. Они будут завтра к завтрашнему вечеру. 3. Девушка подошла к машине. 4. Я иду к реке. 5. Он сделает это завтра к трём часам. 6. Это подарок к его дню рождения. 7. Они хорошо ко мне относятся. 8. Делегация приедет к концу следующей недели. 9. Я не могу привыкнуть к этому шуму.

Задание 88.

1. одному медицинскому журналу; 2. статистике; 3. последним исследованиям

Задание 89.

1. произношению; 2. внешнему виду; 3. реакции; 4. тому

Задание 90.

1. судя по всему; 2. судя по твоим словам; 3. судя по их словам

Задание 91.

1. Судя по словам студента, он большой знаток пива. 2. Кошмар! У нашего гостя, судя по всему, абсолютно отсутствует чувство юмора. / Судя по всему, наш гость абсолютно лишён чувства юмора. 3. Судя по его внешнему виду, после посещения бара он провёл ночь где-то под кустом. 4. Судя по твоей одежде, ты собираешься на свидание. Правда?

Задание 92.

1. собаку и котёнка; 2. детей; 3. Корею; 4. кулинарную книгу; 5. мою фамилию; 6. меня

Задание 93.

1. третью неделю; 2. старую крепость; 3. последнюю часть; 4. нас троих

Задание 95.

1. плохую погоду; 2. тёплую одежду; 3. низкую цену; 4. свою известность; 5. высокую заработную плату

Задание 97.

1. волка и зайца; 2. моих соседей; 3. детей; 4. одного моряка; 5. премию

Задание 99.

1. неделю; 2. дорогу; 3. секретаря; 4. толпу; 5. субботу; 6. друга; 7. реку; 8. стены; 9. вашу газету; 10. пару

Задание 100.

1. Человек видит своё будущее через своё прошлое. 2. Я вернусь через час. 3. Они построили красивый мост через реку. 4. У меня занятия по русскому языку через день. 5. Они разговаривали с директором через переводчика. 6. Девушка говорит: «Я рассталась с ним через 2 года, потому что мы оба любили его и ненавидели меня». 7. Мужчины ошибаются, что путь к сердцу женщины всегда лежит через их бумажник. 8. Он влез через окно. 9. Мы едем через Москву. 10. Я дам вам (тебе) ответ через несколько дней.

Задание 101.

1. пролитым молоком; 2. книгами; 3. Атлантическим океаном; 4. этой проблемой; 5. вершинами; 6. левой бровью; 7. интеллектом; 8. глупостью, умом; 9. новым изобретением; 10. мной

Задание 103.

1. глазами; 2. дверью; 3. микрофоном

Задание 105.

1. Темнее всего перед рассветом. 2. Не бросайте жемчуг перед свиньями! (= Не мечите бисера перед свиньями!). 3. Будущее бросает тень перед собой.

Задание 106.

1. с красотой; 2. с водителем

Задание 107.

1. Садись (садитесь) рядом со мной! 2. Наш дом как раз находится рядом с рынком. 3. Она села рядом со своей тётей.

Задание 109.

1. ударе; 2. женщине; 3. свечах; 4. высоких налогах; 5. свидетеле

Задание 110.

1. деньгах; 2. условии; 3. нынешнем отношении; 4. вокзале

Задание 111.

1. желании; 2. подготовке к экзаменам; 3. разговоре с ним; 4. посещении нашего ресторана; 5. сдаче экзамена; 6. переходе через дорогу; 7. осмотре машины; 8. кашле; 9. стирке белья; 10. заключении контракта

Задание 112.

1. при встрече; 2. при таком шуме; 3. при всём моём уважении; 4. при ком; 5. при гостях; 6. при свете луны

Задание 114.

1. Он сказал это при мне. 2. Вы увидите синий дом при въезде в деревню. 3. Пожалуйста, не надо говорить об этом при посторонних! 4. Он присутствовал при этой сцене. 5. Спросите его об этом при случае. 6. Он произнёс свою речь при полной тишине. 7. Ты помнишь наши прогулки к морю при луне?

Задание 115.

1. от друзей из разных стран; 2. от подруги из Сибири; 3. от одной блондинки из Швеции; 4. от знакомых из Китая; 5. от родственницы из деревни

Задание 116.

1. мной; 2. болезни; 3. мяса и сладкого; 4. гостей; 5. лекции; 6. неделю; 7. всем этим; 8. ошибок; 9. него; 10. женщины, косметики, неё

Задание 117.

1. шампанского; 2. кровати; 3. своего дня рождения; 4. сосисок; 5. этой экскурсии; 6. таким результатам; 7. рождением; 8. посетителей, предстоящего визита; 9. моём появлении

Задание 118.

1. счастливой случайности, пассажиров; 2. всеми; 3. льда; 4. их свадьбу; 5. ваших коллег; 6. денег и карьеры; 7. плохую погоду; 8. другой кинокомпанией; 9. падежей

Задание 119.

1. просьбам; 2. полуночи; 3. центральным рынком; 4. этой недели; 5. знакомых; 6. этого контракта; 7. следующему четвергу; 8. соседей, ним, неделю; 9. двух наших кошек; 10. женитьбы

Задание 121.

1. лифте; 2. твоей фирме, десяти; 3. вине; 4. море; 5. моей тарелке; 6. документах; 7. нашей неповторимой жизни; 8. жизнь, ней; 9. Интернете, стакан, Ниагарского водопада; 10. клубе, бридж, кабинете; 11. баре

Задание 122.

1. его голове; 2. своём одиночестве; 3. слабостях; 4. природе; 5. её жизни, её мужчинах

Задание 123.

1. новой обуви; 2. нём; 3. палатке; 4. первом акте, первом акте, последнем акте; 5. глаза

Задание 124.

1. балкон; 2. скучных лекциях; 3. полу; 4. улицах; 5. пути; 6. другой стороне; 7. самом видном месте

Задание 126.

1. мне; 2. одной лошади; 3. поиск; 4. красный свет; 5. Рождество; 6. огонь, на воду

Задание 127.

1. Нужно заказать такси на семь часов утра. 2. Почему вы не сказали об этом на неделю раньше? 3. На какое число вам нужен билет? 4. Я думаю — и на это существую.

5. Мать спрашивает сына:

— Почему ты так поздно пришёл домой?

— Мамочка, мы играли в поезд, а он на целый час опоздал!

6. — Вы опять опоздали на двадцать минут. Разве вы не знаете, в какое время мы начинаем работу в офисе?
— Нет, сэр, когда я прихожу, вы уже работаете.

Задание 128.
1. на учёбу в университете; 2. на лечение; 3. на встречи с друзьями; 4. на проверку; 5. на поездку в Швейцарию; 6. на обед; 7. на ремонт; 8. на прогулку; 9. на уборку; 10. на продажу; 11. на торговлю; 12. на отдых; 13. на еду; 14. на развод

Задание 129.
1. на перевод этого текста; 2. на подготовку к конкурсу; 3. на разговор со мной; 4. на обсуждение нового проекта; 5. на составление программы для гостей; 6. на покупку такой квартиры; 7. на охрану объекта; 8. на приготовление праздничного обеда

Задание 130.
1. чём-нибудь, губной гармошке, родительских нервах; 2. скрипке; 3. чужой жизни, своей; 4. эту игру; 5. жизни

Задание 131.
1. Соседи любят, когда я играю на пианино. Они даже разбили моё окно, чтобы лучше слышать. 2. Рисковый человек играет в автоматы, а я предпочитаю покупать игральные автоматы.

Задание 133.
1. на улицу, в магазин или кафе; 2. на двери, на обед, на ужин; 3. в лесу, на юг, на севере, на востоке, на западе; 4. на Марсе, в телефонных счетах

Задание 135.
1. за каждым столиком; 2. под солнцем, в тени; 3. под ёлкой; 4. под каблуком, под валенком; 5. за сценой

Задание 136.
1. Невозможно купить счастье за деньги, но его можно арендовать. 2. Ребёнок не хотел есть и бросил ложку под стол. Я мечтаю отшлёпать его! 3. Он стоял под дождём и наслаждался этим. Как вы думаете почему? 4. Наша сердитая (злая) учительница попала под дождь и выглядела как мокрая курица. 5. Ничто не вечно под луной.

Задание 138.
1. зрелость; 2. плачем; 3. вас; 4. победу; 5. девушкой, автобусом

Задание 139.
1. Он взял её за руку и нежно прошептал: «Что ты приготовила на обед, моя любимая?» 2. Я собираюсь развестись. Мои друзья рады за меня. Моя жена не разрешала мне пить пиво с ними.

Задание 140.
1. собакой и деревом; 2. двумя перекурами 3. реальностью и романом; 4. классической музыкой и джазом; 5. рекламой; 6. двумя точками зрения; 7. двумя актрисами

Задание 141.
1. Я поделил (разделил) деньги между двумя работниками. 2. Какая чёрная кошка пробежала между друзьями? 3. Эта комиссия разрешает споры между российскими организациями и иностранными фирмами;

Задание 142.
1. деньгах; 2. бедности; 3. многом, любимом; 4. физике, женщинах; 5. тебе; 6. вкусной и здоровой пище; 7. другом человеке

Задание 143.
1. Не говори о себе плохо! Это сделают другие, когда ты уйдёшь. 2. Бог думает о нас, но он не думает за нас. 3. Актёр — это человек, который думает о себе или о том, что думают о нём другие. 4. Он самый великий актёр, потому что заставляет зрителя забыть о буфете.

Задание 144.
1. нашему саду; 2. голове; 3. сниженной цене; 4. одному цветку; 5. окончании

Задание 145.
1. размеру; 2. мосту; 3. телефону; 4. почте; 5. выражению; 6. поводу

Задание 146.
1. карману; 2. кулинарии; 3. метеорологическим условиям; 4. статьям; 5. статистике; 6. зарплате

Задание 147.
1. Я здесь по приглашению. 2. Приятно бродить по улицам Петербурга. 3. Воспитывать детей по книге можно, но для каждого ребёнка нужна особая книга. 4. Они все учились по тем же книгам. 5. О великих людях нужно судить не по сомнительным и слабым местам, а по их многочисленным успехам.

Задание 148.

1. по болезни; 2. по весне; 3. по вине шофёра такси; 4. по осени; 5. по желанию; 6. по глупости

Задание 149.

По внешнему виду мужчины можно судить, сколько он зарабатывает, а по внешнему виду женщины — сколько он тратит.

Задание 150.

1. по делу; 2. по весне / по осени; 3. по болезни / по глупости; 4. по желанию; 5. по внешнему виду

Задание 151.

1. по имени Далила; 2. По моему мнению; 3. по любви; 4. по молодости; 5. по инструкции

Задание 152.

— Сколько бы вы хотели зарабатывать, чтобы считать себя счастливым? — спросили Бернарда Шоу.

— Столько, сколько я зарабатываю, по мнению своих соседей, — ответил Шоу.

Задание 153.

1. по неосторожности; 2. по невнимательности; 3. по незнанию; 4. по неопытности; 5. по ошибке

Задание 154.

1. Меня бросили две жены, потому что я по ошибке принимал их за домработниц. 2. Можно купить что-нибудь по ошибке, но нельзя продать что-нибудь по ошибке.

Задание 155.

1. религиозным причинам; 2. любви, расчёту, привычке; 3. неразумным причинам, разумным

Задание 156.

1. по уважительной причине; 2. по примеру матери; 3. по приказу директора; 4. по приглашению друзей; 5. по привычке; 6. по правде сказать; 7. по предложению коллеги; 8. по плану мы завтра пойдём ...

Задание 157.

1. финансовым причинам; 2. средствам

Задание 158.

Чем больше денег, тем труднее жить по средствам.

Задание 159.

1. Мне не по средствам купить ... 2. по совету одного знакомого; 3. по нашей просьбе; 4. по разным причинам; 5. по традиции

Задание 161.

1. первого взгляда; 2. женой; 3. ручкой, револьверами; 4. всем этим; 5. вашим носом, 6. людьми, тобой; 7. кем; 8. куском, с ним; 9. миллионером, ним; 10. нежеланием; 11. очень большими неприятностями; 12. денег

Задание 162.

1. лучшей подругой; 2. надежды; 3. вашим новым садовником, дерева; 4. левой ноги, правой ноги; 5. его бывшей женой; 6. помощью; 7. неба; 8. ведро, любым ароматом; 9. ангелами

Задание 163.

1. первого раза; 2. пола; 3. деньгами; 4. действительностью; 5. соской, трубкой; 6. ними; 7. нами; 8. кратким рабочим визитом; 9. главной роли; 10. твоим отцом

Задание 164.

1. Любовь начинается с великих чувств, а кончается банальными скандалами. 2. Удача — это встреча готовности с возможностью. 3. Нельзя /невозможно попасть в рай с сухими глазами. 4. Лучше с умным таскать камни, чем с глупым пить пиво. 5. Комедия — это трагедия, которая случилась не с нами. 6. Чтобы мужчина давал семье больше денег, надо с ним развестись. 7. Некоторым политикам надо носить табличку с ценой. 8. Живи с людьми так, как будто Бог смотрит на тебя, говори с Богом так, как будто люди слушают тебя.

Задание 165.

1. врача, вас, таких случаях, ней, ресторан; 2. этот момент, которой, вазе, аквариумом; 3. поддельных, тем, всей силой, пол; 4. встречи, красными глазами, зеркалом; 5. девушкой, скамейке, той же скамейке, другой девушкой, том же самом месте, третьей девушкой; 6. своей одежде, том же самом плаще и старой шляпе, улице, вашей голове, вашей шляпкой; 7. чём, моей машины; 8. сцене, зале, сцене, концерта, кулисами, этом потрясающем платье, тебя, голосом; 9. трёх языках, одном, утра, вечера; 10. дороге, окраине, вас, нас, семьёй, вас, другом, вашем доме, Здоровья, Любви и Богатства

Задание 166.

1. Чтобы всегда быть на своём месте, носите с собой стул! 2. Он так сильно её любил, что был готов целовать землю, в которой её отец нашёл нефть. 3. Я не верил в детектор лжи, но женился на одном из них. 4. Если жена слушает каждое ваше слово, значит, она ищет дыру в вашем алиби.

KEYS

Задание 167.

1. по ошибке; 2. по университету; 3. из принципа; 4. по неосторожности; 5. по собственному желанию; 6. по молодости; 7. из благодарности; 8. по рекомендации; 9. по неопытности; 10. по рассеянности; 11. от дождя

Задание 168.

1. От жары; 2. От усталости он не мог...; 3. по совету моей подруги; 4. Соседка любит приходить к нам из любопытства. 5. по решению суда; 6. из уважения к вам. 7. Ребёнок от страха долго не мог уснуть.

Задание 169.

1. Мы не хотим, чтобы этот человек умер от голода. 2. Она из осторожности не открывает дверь незнакомым людям. 3. По чьей вине произошла авария? 4. Она заплакала от боли. 5. Он покраснел от стыда. 6. Я купил шампанское по твоей просьбе. 7. От радости ей хотелось петь. 8. Больной ходил с трудом от слабости.

Задание 170.

1. с большим интересом, к нашему предложению; 2. без энтузиазма; 3. у коллеги; 4. благодаря денежной помощи; 5. на сегодняшний вечер; 6. с братом, из-за компьютера; 7. к четвергу; 8. при обсуждении

Задание 171.

1. от радости; 2. перед родителями; 3. при высокой температуре; 4. при свидетелях; 5. по моде; 6. помимо других птиц; 7. при случае; 8. на эту поездку; 9. в таких вопросах; 10. с просьбой; 11. за советом

Задание 172.

1. по просьбе; 2. по невнимательности; 3. по плаванию; 4. для здоровья; 5. при свечах; 6. об асфальт; 7. обо что-то острое; 8. на чужих ошибках; 9. за какую команду; 10. на вечерний сеанс

Задание 173.

1. Для иностранца; 2. по возвращении; 3. через переводчика; 4. по школе, по работе; 5. по голосу и походке; 6. за работу; 7. по локоть; 8. за чаем; 9. за ваше здоровье; 10. по собственному желанию, по совету

Задание 174.

1. по окончании школы; 2. по приезде; 3. за неделю до нас, 4. говорит на трёх языках; 5. сделал ошибку в счёте; 6. за две мили отсюда / в двух милях отсюда; 7. на всё лето / на целое лето; 8. В дождливую погоду; 9. перед домом; 10. перед вами (тобой); 11. над вами; 12. между двумя и тремя; 13. за обедом; 14. сквозь туман; 15. под кровать

Литература

1. *Антология* сатиры и юмора России XX века. Т. 24: Афористика и карикатура. — М. : Эксмо, 2003.

2. *Душенко К.* Новая книга афоризмов. — М. : Эксмо, 2009.

3. *Малкин Г.* Афоризмы для умных людей. — М. : Рипол Классик, 2008.

4. *На* языке Шекспира. To be or not to be. Английские изречения / Сост. С.Б. Барсов. — М. : ЗАО «Центрполиграф», 2008.

5. *Твен М.* Афоризмы. — СПб. : Анима, 2005.

6. *Шоу Д.Б.* Изречения. — СПб. : Анима, 2003.

В оформлении издания использованы:

http://caricatura.ru/parad/SanYN/pic/11013.gif
http://img.beatrisa.ru/forums/monthly_07_2009/user3/post90366_img1.jpg
http://www.beautylife.ru/photo/STOKGOLM2005/1/IMGA1157.jpg
http://www.ski.kg/uploads/posts/2010-07/1278998882_19.jpg
http://www.medikforum.ru/news/uploads/posts/2010-10/1287402440_conversation.jpg
http://gazeta.a42.ru/images/lenta/20844.jpg
http://nashezdorovie.info/wp-content/uploads/2012/03/7505.jpg
http://smartysmile.ru/uploads/images/20100420/cc36dc237b6a36a56b68a3231ebc8a59.jpg
http://kolyan.net/uploads/posts/2011-12/thumbs/1325011789_oboi_k_novogodnim_prazdnikam_10_32_bender777post.jpg
http://stat8.blog.ru/lr/0c267c2bf0cb115d6cb7a8120076f6f8
http://img1.liveinternet.ru/images/attach/b/4/102/918/102918457_1373701442_54289_NewsPGMPHov.jpg
http://images.yandex.ru/yandsearch?fp=0&img_url=http%3A%2F%2Fwroom.ru%2Fuserimg%2Fforum%2F1320213407.jpg
&iorient=&icolor=&site=&text=%D0%B7%D0%B0%20%D1%80%D1%83%D0%BB%D0%B5%D0%BC%20%D0%BA%
D0%B0%D1%80%D0%B8%D0%BA%D0%B0%D1%82%D1%83%D1%80%D0%B0&recent=&type=&isize=medium&pos
=6&rpt=simage&itype=&nojs=1
http://img0.liveinternet.ru/images/attach/c/8/99/84/99084272_s52576993.jpg
http://sport.4local.ru/uploads/posts/2011-02/1297582354_111.jpg
http://pazitiff.info/uploads/posts/2011-01/thumbs/1294047595_191.jpg
http://style.co.ua/wp-content/uploads/2012/05/style.co_.ua-komari-2.jpg
http://caricatura.ru/parad/Sayenko/pic/5166.jpg
http://www.diets.ru/data/cache/2010dec/23/51/29279_35811-700x500.jpg
http://www.cirota.ru/forum/images/121/121761.jpeg
http://do-that.ru/wp-content/uploads/2012/08/3501.jpg
http://sanatate.md/data/pic/news/0026/2677/5_600.jpeg
http://kurd.kurdiu.org/rsm/amoment-to-rest/amoment-to-rest%20(6).jpg
http://www.podkat.ru/uploads/posts/thumbs/1257502252_1257450600_1257350704_s3img_16540451_7117_11.jpg
http://www.kvartirimoskva.ru/img/content_img/Statiy1371.jpg
http://tipslife.ru/uploads/posts/2011-05/1306243087_korporativnye-podarki.jpg
http://images.china.cn/attachement/jpg/site1005/20120416/001372a9a88e10f6118e1e.jpg
http://static.eva.ru/eva/40000-50000/48847/channel/12814417010762206.png
http://hq-wall.net/i/med_thumb/01/11/star_wars_battlefront_01_1600001.jpg
http://eatfish.org.ua/how_to_cook/Recipes/shutterstock_57047938.jpg
http://bettybaxter.com.au/images/recipes_lamb_capsicum.jpg
http://www.krasfun.ru/images/2010/12/92e17_Demovivators_34.jpg
http://www.opa.kg/uploads/posts/2012-02/1329763653_1329754921_1329686057_1329426591_1e083b50506204da93d374b95
a7a433c_600.jpg
http://urod.ru/uploads/1/ghoplkasdp01.jpg
http://moi-portal.ru/uploads/images/00/00/02/2012/11/19/050512.jpg
http://pbs.twimg.com/media/BYJSD2eIcAAop3l.jpg
http://foto.spbland.ru/data/media/1/131373_P1010010.JPG
http://stat16.privet.ru/lr/0b02e8cf66a3aab42eb90bab8a880591
http://www.mvideo.ru/Pdb/aelektronnyj_perevodchik_casio_ew-r100_30013728b.jpg
http://txtb.ru/152/24.html
http://www.catsmob.com/cool/1705-komiksy-herlufa-bidstrupa-85-shtuk.html
http://www.bidstrup.ru/
http://www.ipb.su/uploads/ipbsu/podarizhizn/post-11-1329630953.jpg
http://www.free-scores.com/IMG/mohammad-varzaldoust/mohammad-varzaldoust_20110908090214.jpg
http://k.img.com.ua/img/forall/b/1095/4.jpg?1372947632
http://www.freska-mos.ru/images/H_084.jpg

КНИГИ ИЗДАТЕЛЬСТВА «ЗЛАТОУСТ» ПРОДАЮТСЯ:

ДАЛЬНЕЕ ЗАРУБЕЖЬЕ

OUR BOOKS ARE AVAILABLE IN THE FOLLOWING BOOKSTORES:

Argentina: **SBS Librería Internacional** (Buenos Aires), Avelino Dнаz 533.
Tel/fax: +54 11 4926 0194, e-mail: sbs@sbs.com.ar, www.sbs.com.ar

Australia: **Language International Bookshop** (Hawthorn), 825 Glenferrie Road, VIC 3122. Tel.: +3 98 19 09 00, fax: +3 98 19 00 32,
e-mail: info@languageint.com.au, www.languageint.com.au

Austria: **OBV Handelsgesellschaft mbH** (Wien), Frankgasse 4.
Tel.: +43 1 401 36 36, fax: +43 1 401 36 60, e-mail: office@buchservice.at, service@oebv.at, www.oebv.at

Belgium: **La Librairie Europeenne — The European Bookshop** (Brussels), 1 rue de l'Orme. Tel.: +32 2 734 02 81, fax: +32 2 735 08 60,
ad@libeurop.eu, www.libeurop.be

Brazil: **DISAL S.A** (San Paulo), Av. Marques S.Vicente 182 - Barra Funda,
Tel: +55 11 3226-3100,
e-mail: comercialdisal@disal.com.br, www.disal.com.br

Croatia, Bosnia: **Official distributor Sputnik d.o.o.** (Zagreb), Krajiška 27/1.kat.
Tel./fax: +385 1 370 29 62, +385 1 376 40 34, fax: + 358 1 370 12 65,
mobile: +358 91 971 44 94, e-mail: info@sputnik-jezici.hr, www.sputnik-jezici.hr

Czech Republik: **MEGABOOKS CZ** (Praha), Třebohostická 2283/2, 100 00 Praha 10 Strašnice.
Tel.: + 420 272 123 19 01 93, fax: +420 272 12 31 94, e-mail: info@megabooks.cz, www.megabooks.cz
Styria, s.r.o. (Brno), Palackého 66. Tel./fax: +420 5 549 211 476, mobile: + 420 777 259 968, e-mail:styria@styria.cz, www.styria.cz

Cyprus: **Agrotis Import-Export Agencies** (Nicosia).
Tel.: +357 22 31 477/2, fax: +357 22 31 42 83, agrotisr@cytanet.com.cy

Estonia: **AS Dialoog** (Tartu, Tallinn, Narva). Tel./fax: +372 7 30 40 94, e-mail: info@dialoog.ee; www.dialoog.ee, www.exlibris.ee
Tallinn, Gonsiori 13 – 23, tel./fax: +372 662 08 88, e-mail: tallinn@dialoog.ee;
Tartu, Turu 9, tel.: +372 730 40 95, fax: + 372 730 40 94, e-mail: tartu@dialoog.ee;
Narva, Kreenholmi 3, tel.: +372 356 04 94, fax: + 372 359 10 40, e-mail: narva@dialoog.ee;

Finland: **Ruslania Books Corp.** (Helsinki), Bulevardi 7, FI-00100 Helsinki.
Tel.: +358 9 27 27 07 27, fax +358 9 27 27 07 20, e-mail: books@ruslania.com, www.ruslania.com

France: **SEDR** (Paris), Tel.: +33 1 45 43 51 76, fax: +33 1 45 43 51 23, e-mail: info@sedr.fr, www.sedr.fr
Librairie du Globe (Paris), Boulevard Beaumarchais 67.
Tel. +33 1 42 77 36 36, fax: 33 1 42 77 31 41, e-mail: info@librairieduglobe.com, www.librairieduglobe.com

Germany: **Official distributor Esterum** (Frankfurt am Main). Tel.: +49 69 40 35 46 40,
fax: +49 69 49 096 21, e-mail Lm@esterum.com, www.esterum.com
Kubon & Sagner GmbH (Munich), Heßstraße 39/41.
Tel.: +49 89 54 21 81 10, fax: +49 89 54 21 82 18, e-mail: postmaster@kubon-sagner.de
Kubon & Sagner GmbH (Berlin), Friedrichstraße 200. Tel./fax: +49 89 54 21 82 18,
e-mail: Ivo.Ulrich@kubon-sagner.de, www.kubon-sagner.de
Buchhandlung "RUSSISCHE BÜCHER" (Berlin), Kantstrasse 84, 10627 Berlin, Friedrichstraße 176–179. Tel.: +49 3 03 23 48 15,
fax +49 33 20 98 03 80, e-mail: knigi@gelikon.de, www.gelikon.de

Greece: **«Дом русской книги "Арбатъ"»** (Athens), El. Venizelou 219, Kallithea.
Tel./fax: +30 210 957 34 00, +30 210 957 34 80, e-mail: arbat@arbat.gr, www.arbat.gr
«Арбат» (Athens), Ag. Konstantinu 21, Omonia.
Tel.: + 30 210 520 38 95, fax: + 30 210 520 38 95, e-mail: info@arbatbooks.gr, www.arbatbooks.gr
Avrora (Saloniki), Halkeon 15. Tel.: +30 2310 23 39 51, e-mail info@avrora.gr, www.avrora.gr

Ireland: **Belobog** (Nenagh). Tel.: +3053 87 2 96 93 27, e-mail: info@russianbooks.ie, www.russianbooks.ie

Holland: **Boekhandel Pegasus** (Amsterdam), Singel 36. Tel.: +31 20 623 11 38, fax: +31 20 620 34 78, e-mail: pegasus@pegasusboek.nl,
slavistiek@pegasusboek.nl, www.pegasusboek.nl

Italy: **il Punto Editoriale s.a.s.** (Roma), V. Cordonata 4. Tel./fax: + 39 66 79 58ʹ05, e-mail: ilpuntoeditorialeroma@tin.it, www.
libreriarussailpuntoroma.com
Kniga di Doudar Lioubov (Milan). Tel.: +39 02 90 96 83 63, +39 338 825 77 17, kniga.m@tiscali.it
Globo Libri (Genova), Via Piacenza 187 r. Tel./fax: +39 010 835 27 13,
e-mail: info@globolibri.it, www.globolibri.it

Japan: **Nauka Japan LLC** (Tokyo). Tel.: +81 3 32 19 01 55, fax: +81 3 32 19 01 58,
e-mail: murakami@naukajapan.jp, www.naukajapan.jp
NISSO (Tokyo), C/O OOMIYA, DAI 2 BIRU 6 F 4-1-7, HONGO, BUNKYO-KU.
Tel: + 81 3 38 11 64 81, e-mail: matsuki@nisso.net, www.nisso.net

Latvia: **SIA JANUS** (Riga), Jēzusbaznīcas iela 7/9, veikals (магазин) "Gora".
Tel.: +371 6 7 20 46 33, +371 6 7 22 17 76 +371 6 7 22 17 78, e-mail: info@janus.lv, www.janus.lv

Poland:	MPX Jacek Pasiewicz (Warszawa), ul.Garibaldiego 4 lok.16A.
	Tel.: +48 22 813 46 14, mobile: +48 0 600 00 84 66, e-mail: jacek@knigi.pl, www.knigi.pl
	Księgarnia Rosyjska BOOKER (Warszawa), ul. Ptasia 4.
	Tel.: +48 22 613 31 87, fax: +48 22 826 17 36, mobile: 504 799 798, www.ksiegarniarosyjska.pl
	«Eurasian Global Network» (Lodz), ul. Piotrkowska 6/9.
	Tel.: +48 663 339 784, fax: +48 42 663 76 92, e-mail: kontakt@ksiazkizrosji.pl, http://ksiazkizrosji.pl
Serbia:	**DATA STATUS** (New Belgrade), M. Milankovića 1/45, Novi.
	Tel.: +381 11 301 78 32, fax: +381 11 301 78 35, e-mail: info@datastatus.rs, www.datastatus.rs
	Bakniga (Belgrade). Tel. +381 658 23 29 04, +381 11 264 21 78
Slovakia:	**MEGABOOKS SK** (Bratislava), Laurinska 9.
	Tel.: +421 (2) 69 30 78 16, e-mail: info@megabooks.sk, bookshop@megabooks.sk, www.megabooks.sk
Slovenia:	**Exclusive distributor: Ruski Ekspres d.o.o.** (Ljubljana), Proletarska c. 4.
	Tel.: +386 1 546 54 56, fax: +386 1 546 54 57, mobile: +386 31 662 073,
	e-mail: info@ruski-ekspres.com, www.ruski-ekspres.com
Spain:	**Alibri Llibreria** (Barcelona), Balmes 26.
	Tel.: +34 933 17 05 78, fax: +34 934 12 27 02, e-mail: info@alibri.es, www.books-world.com
	Dismar Libros (Barcelona), Ronda de Sant Pau, 25.
	Tel.: + 34 933 29 65 47, fax: +34 933 29 89 52, e-mail: dismar@eresmas.net, dismar@dismarlibros.com, www.dismarlibros.com
	Arcobaleno 2000 SI (Madrid), Santiago Massarnau, 4.
	Tel.: +34 91 407 98 45, fax: +34 91 407 56 82, e-mail: info@arcobaleno.es, www.arcobaleno.es
	Skazka (Valencia), c. Julio Antonio, 19.
	Tel.: +34 676 40 62 61, fax: + 34 963 41 92 46, e-mail: skazkaspain@yandex.ru, www.skazkaspain.com
	Instituto de Lengua y Cultura Rusa A.Pushkin (Barcelona) Ausias March 3, pral. 2a
	Tel.: +34 93 318-38-13, centroruso@centroruso.es
Switzerland:	**PinkRus GmbH** (Zurich), Spiegelgasse 18.
	Tel.: +41 4 262 22 66, fax: +41 4 262 24 34, e-mail: books@pinkrus.ch, www.pinkrus.ch
	Dom Knigi (Geneve), Rue du Midi 5.
	Tel.: +41 22 733 95 12, fax: +41 22 740 15 30, e-mail info@domknigi.ch, www.domknigi.ch
Turkey:	**Yab-Yay** (Istanbul), Barbaros Bulvarı No: 73 Konrat Otel Karşısı Kat: 3 Beşiktaş, İstanbul, 34353, Beşiktaş.
	Tel.: +90 212 258 39 13, fax: +90 212 259 88 63, e-mail: yabyay@isbank.net.tr, info@yabyay.com, www.yabyay.com
United Kingdom:	**European Schoolbooks Limited** (Cheltenham), The Runnings, Cheltenham GL51 9PQ.
	Tel.: + 44 1242 22 42 52, fax: + 44 1242 22 41 37
	European Schoolbooks Limited (London), 5 Warwick Street, London W1B 5LU.
	Tel.: +44 20 77 34 52 59, fax: +44 20 72 87 17 20, e-mail: whouse2@esb.co.uk, www.eurobooks.co.uk
	Grant & Cutler Ltd (London), 55–57 Great Marlborough Street, London W1F 7AY.
	Tel.: +44 020 70 20, 77 34 20 12, fax: +44 020 77 34 92 72,
	e-mail: enquiries@grantandcutler.com, www.grantandcutler.com
USA, Canada:	**Exclusive distributor: Russia Online** (Kensington md), Kensington Pkwy, Ste A. 10335 Kensington, MD 20895-3359.
	Tel.: +1 301 933 06 07, fax: +1 240 363 05 98, e-mail: books@russia-on-line.com, www.russia-on-line.com